희망한다. 더불어 16인의 사업가가 전하고 싶었던 이야기가 독자에게 잘 전달되기를, 독자는 실제 사업가와 이야기를 나누는듯한 생생함을 느끼기를 바란다.

정진욱

차례

★★★★★

CHAPTER

2

도약을 이끈 선택

CHAPTER
3

그들이 위기에 대처하는 방법

CHAPTER

4

기업문화·철학이 중요한 이유

CHAPTER

1

성공하는 시장에 진입하는 방법

사업의 기술

01

“

태풍의 길목을 읽고
태풍의 눈으로 뛰어들다

”

"제가 처음으로 성공하는 시장에 진입한 건 오픈서베이를 시작한 바로 그 순간이었어요. 똑같은 비즈니스를 동일한 멤버들과 함께 한다고 해도 언제 시작하느냐에 따라 결과가 엄청나게 다를 수 있다는 걸 오픈서베이를 통해 실감할 수 있었죠. 주요 산업에는 큰 흐름이 있고 변화의 초입에 들어가는 게 성공에 큰 영향을 미친다는 걸 알게 됐어요. 의도하지는 않았지만 운 좋게도 오픈서베이를 시작할 때가 바로 그 변화의 초입이었고 덕분에 첫 창업에 성공할 수 있었어요. 이때의 경험으로 두 번째 창업도 빠르게 새로운 시장에 진입할 수 있었어요."

김동호
한국신용데이터 대표

김동호

한국신용데이터 대표

1987년생
오픈서베이 창업 2011년
창업 당시 만 24세

김동호 한국신용데이터 대표는 2011년 모바일 리서치 서비스 '오픈서베이'로 첫 사업을 시작했다. 오픈서베이는 소프트뱅크벤처스 등에서 총 60억 원의 투자를 유치했다. 현재 연간 1,500여 개의 프로젝트를 수행하고 있으며 국내 시장점유율은 80%에 이른다. 한국신용데이터는 김 대표의 두 번째 창업 회사로 2016년 4월에 설립됐다. 오프라인 상점을 위한 경영관리핀테크 솔루션 '캐시노트'는 2018년 12월 현재 약 15만여 개 매장에서 사용 중이다. 한국신용데이터는 카카오와 신한카드, KT 등에서 총 70억 원 투자를 유치했다.

오픈서베이 창업으로 성공하는 시장에 진입했다고 했는데 창업을 한 계기가 궁금합니다.

-

사실 첫 창업은 반쯤은 우발적이었어요. 아이폰이 나오고 막 모바일 생태계가 생기던 2009~2010년에 병역 특례 중이었는데 그때는 복무가 끝나면 좋은 기업에 취업하는 게 목표였어요. 당시 저에게는 창업이라는 게 솔직히 와닿는 얘기는 아니었어요. 그러다 2010년 하반기 소셜커머스 붐이 일었어요. 티켓몬스터가 혜성같이 나타나 단기간에 월 거래액 100억 원을 넘어서고 어느 순간 직원도 몇백 명이 되는 거예요. 티켓몬스터 창업자 신현성 대표는 저와 나이 차이도 별로 안 나고요. '이게 말이 돼?' 이런 놀람이 어느새 '나도 할 수 있는 거 아니야?'라는 생각으로 변했어요. 한 마디로 세계관이 바뀐 거죠. 대체 복무가 끝난 2011년, 몇 가지 아이디어를 가지고 친구 2명을 만나 모바일 창업을 제의했어요. 이 친구들이 동의하면서 사업이 시작됐죠.

오픈서베이를 시작한 때가 거대한 변화의 초입이라고 했는데 당시 상황이 어땠나요.

-

당시는 스마트폰 가입자가 폭발적으로 성장하던 시기였어요. '스마트폰 가입자 XXX만 명 돌파' 이런 기사가 매달 나왔어요. 저희가 창업을 했을 때 스마트폰 가입자가 800만 명이었는데 한 달 후에 900만 명이 됐죠. 생각해보면 2000년대 초반에 나온 초고속인터넷 서비스가 전 국민적으로 확산되는데 거의 10년이 넘게 걸렸는데 스마트폰은 3~4년밖에 걸리지 않았어요. 이런 빠른 변화는 살면서 경험하기 힘들거든요. 스마트폰을 기반으로 한 모바일 생태계에 밀물이 들어오고 있다는 걸 느꼈죠.

스마트폰이 대중화되던 시기 빠르게 시장에 진입했습니다.
사업은 순조롭게 진행됐나요.

-

2011년 2월 법인을 설립하고 그해 여름까지 한 마디로 갈팡질팡했어요. 사실 그때까지 팀의 주력 서비스를 정하지 못했어요. 모바일 리서치와 중고거래 서비스 둘 중의 하나를 선택하지 못해 팀을 나눠 두 서비스를 모두 개발했어요. 부족한 자원을 한곳에 집중해도 될까 말까인데 반으로 나누니 뭐하나 제대로 되지 않았죠. 그러던 중 지인을 통해 신현성 티켓몬스터 대표를 만나게 됐어요. 당시 신 대표는 회사를 리빙소셜에 매각한 직후였는데 선뜻 엔젤투자자가 돼 줬어요.

아무것도 모르는 애들이 창업해서 고생하는 모습이 자기가 처음 티켓몬스터를 시작한 거랑 비슷해 응원해주고 싶었던 거 같아요. 그때 신 대표가 한 말이 "모바일 리서치와 중고거래 중에 뭐가 잘 될지는 나도 모르겠지만, 둘 다 하면 안될 거 같아요"였어요. 내부적으로도 2개의 프로젝트를 진행하는 게 무리라고 느끼던 터라 그제야 오픈서베이에 집중하는 걸로 결정했어요. 그 결정을 하면서도 내부에서는 중고거래 서비스를 '포기한다'라는 말 대신 잠시 '중단한다'라고 얘기했어요.(웃음)

왜 모바일 리서치 서비스였나요.
어떤 시장 가능성을 본 건가요.

-

이 시장은 반드시 온다고 믿었어요. 인터넷이 보급되면서 온라인 리서치 시장이 열렸죠. 인터넷 대중화 전에는 전화, 그전에는 대면이나 우편이 수단이었어요. 전 국민 대다수가 스마트폰을 쓰는 세상인데 모바일로 수단이 이동하는 건 너무나 당연하잖아요. 아직 모바일 리서치 시장에 진입한 기업이 전혀 없다는 것도 큰 기회였고요. 당시 고민은 시장에 기회가 있느냐, 없느냐가 아니라 '이 기회를 내가 잡을 수 있을까'였어요. 리서치 업계 경험이 있는 것도 아니고 넉넉한 자본이 있었던 것도 아니었으니까요. 그래도 결과적으로 시장에 안착한 건 빨리 시장에 들어갔기 때문이에요. 6개월만 늦었어도 시장 판도가 달라졌을 거라고 생각해요.

오픈서베이가 성장한 계기는 무엇인가요.

-

오픈서베이 앱이 나온 게 2011년 12월이에요. 처음에는 반응이 전혀 없었어요. 저희의 강점은 빠르고 저렴하다는 건데 이 점이 잘 드러나지 않았어요. 사실 의뢰사 입장에서는 몇천만 원이라는 큰돈을 주고 리서치를 하는 건데 싸다고 신뢰도 없는 신생 업체를 쓸 수는 없는 거였어요. 그러다 2012년 2월 SBS 뉴스 의뢰로 오픈서베이 리서치 결과가 공중파에 나가게 됐어요.

방송 뉴스 특성상 이슈가 발생한 날 빠르게 설문을 완료하고 그 결과를 리포트에 반영해야 하는데 기존 업체로는 이런 빠른 진행이 불가능했어요. SBS에서 어떻게 오픈서베이 얘기를 듣고 혹시나 해서 맡겨봤는데 저희가 이 설문을 잘 수행한 거죠. 이걸 계기로 브랜드 인지도를 쌓을 수 있었고 이후 조금씩 프로젝트 의뢰가 늘면서 자리를 잡을 수 있었어요.

시장 초기에 진입한 것이 어떤 강점이 됐나요.

-

오픈서베이가 자리를 잡자 곧 카피캣이 나오기 시작했어요. 저희 약관을 그대로 베껴 쓴 업체가 나올 정도였죠. 결과적으로 후발주자들은 투자 유치가 되지 않았어요. 이미 오픈서베이가 유력 벤처캐피털(VC)에서 투자를 받은 상황에서 비슷한 서비스를 하는 업체에 투자할 이유가 없었던 거죠. 모바일 리서치 시장 규모가 소셜커머스처럼 여러 기업이 경쟁할 만큼 크지도 않고 이미 오픈서베이에 투자한 VC들이 오픈서베이를 밀어주고 있는 상황에서 신규 서비스를 키우는 게 쉽지 않다는 판단이었죠. 신규 업체에 투자하느니 오픈서베이 추가 펀딩에 들어가는 게 더 낫다는 게 당시 VC 업계 중론이었어요. 이렇게 후발주자들의 자본조달이 막히면서 저희와 격차는 더 벌어졌고 결과적으로 오픈서베이는 큰 경쟁자 없이 시장을 선점할 수 있었어요. 만약 시장에 늦게 진입했다면 운명이 바뀌었을 거라고 생각해요.

자본력 있는 기존 리서치 기업들은

시장 변화에 어떻게 대응했나요.

-

기존 리서치 회사들은 한동안 모바일 리서치에 관심을 두지 않았어

한동안 휴식을 취할 계획이었는데

바로 두 번째 창업을 한 이유는 무엇인가요.

-

2015년 말부터 국내에 개인 간 거래(P2P) 금융회사가 다수 등장했어요. 2014년 미국의 대표적 P2P 대출업체 '렌딩클럽'의 상장 성공이 국내에도 P2P 금융기업 열풍을 가져온 거죠. 마치 그루폰이 상장에 성공한 뒤 국내에 소셜커머스 바람이 분 것처럼 말이에요. P2P를 필두로 한 핀테크 기업이 등장하면서 국내 금융산업도 변화의 초입에 들어서고 있다는 느낌을 받았어요.

스마트폰 등장이 산업 구조 전반을 크게 흔들었는데, 금융은 가장 보수적인 산업이라 변화를 체감하기 어려웠어요. 금융산업에 변화가 본격적으로 시작됐다는 생각이 들자 더는 지체하면 안될 거 같았어요. 스마트폰 보급 초기에 시장에 진입해 성공을 만든 오픈서베이처럼, 금융산업 변화를 체감한 2016년 봄에 바로 시작해야 늦지 않을 거라고 생각한 거죠. 이런 이유로 석 달도 채 쉬지 못하고 바로 두 번째 창업에 나섰어요.

한국신용데이터를 창업하고 내놓은 '캐시노트'는

오프라인 사업자 대상 핀테크 서비스입니다.

왜 한국신용데이터의 금융 혁신이

오프라인 사업자 대상이었던 거죠.

-

그동안 소비자 대상 금융 서비스는 어느 정도 혁신이 있었지만, 사업자 대상 영역은 큰 발전이 없었어요. 중소사업자는 스마트폰 이후 정보기술 발전의 혜택을 그다지 받지 못한 셈이죠. 한 가지 예를 들면 중소사업자가 은행에서 대출을 받으려면 서로 다른 기관 웹사이트에서 출력 후 제출해야 하는 서류가 8장이나 필요해요. 심지어 그 서류를 은행에 내면 행원이 종이에 적힌 숫자를 다시 시스템에 일일이 손으로 입력해야 하고요. 개인은 주민등록증만 가져가면 신용 등 정보 조회가 한 번에 끝나는데 말이죠.

뿐만 아니라, 카드 결제가 보편화된 국내시장 특성상 중소사업자 대부분이 오늘 얼마를 벌었는지는 아는데, 이 돈이 언제 얼마나 정산돼 들어올지는 잘 몰라요. 8개가 넘는 카드사마다 정산 주기와 수수료가 다 다르고 정산 과정에서 전표 매입 혹은 입금이 제때 이뤄지지 않는 경우도 종종 있거든요. 사장님 입장에서는 오늘, 내일, 모레 돈이 얼마나 들어오는지 알아야 자금 계획을 세울 수 있는데 정보를 일일이 확인하려면 너무 번거로워 잘 안 하게 되는 거죠.

이런 불편함은 사업자의 거래 정보가 충분히 전자화되어 있지 않고, 또 연결되어 있지 않기 때문에 생기는 불편함인데 한국신용데이터에서 이런 문제를 해결하고 싶었어요. 중소사업자의 거래 정보를 전자화된 형태로 수집해, 개별 사업자에게 분석된 정보를 제공한다면 수요가 적지 않을 거라 생각했어요.

캐시노트는 중소사업자에게 어떤 정보를 주는지
간단히 설명해 주세요.

-

캐시노트는 카카오톡 기반 경영관리 서비스예요. 카카오톡에서 플러스친구를 맺으면 서비스를 바로 이용할 수 있어요. 중소사업자에게 매일 아침 카카오톡으로 등록된 사업장의 매출 분석 리포트를 제공해요. 전일 총매출과 재방문 고객 비중, 개별 카드사가 오늘 입금할 금액, 내일과 모레 정산 받을 카드대금, 새로 발행된 세금계산서 내역 등을 일목요연하게 정리해 보여주죠. 여기에 온라인상에 기록된 모든 매장 리뷰를 모아 제공해요. 매출 관리와 단골 분석, 입소문 리뷰 관리까지 가능한 거죠. 2019년 초에는 분석을 넘어, 가게 매출을 직접 신장시킬 수 있는 마케팅 기능까지 더해질 예정이예요.
캐시노트의 가장 큰 장점 중 하나는 별도 앱 설치 없이 카카오톡으로 편하게 서비스를 이용할 수 있다는 거예요. 중소사업자 상당수가 중장년층이고 이분들은 상대적으로 모바일 서비스가 익숙하지 않거든요. 이런 분들도 카카오톡은 이미 잘 사용하고 있어서 캐시노트도 큰 어려움이 없이 이용하세요. 덕분에 캐시노트 가입자 절반 이상이 40대 이상으로 모든 연령대에서 골고루 쓰이고 있어요.

캐시노트의 지금까지의 성과를
간단히 소개해주세요.

-

2018년 12월 기준으로 캐시노트를 사용하는 중소사업장이 약 15만 개예요. 상대적으로 서비스 기간이 긴 배달 앱의 실제 계약 매장이 5만~6만여 개라는 점을 고려하면 매우 빠르게 보급되고 있는 셈이죠. 캐시노트는 별도 과금 없이 이용할 수 있는 기본 서비스와 월정액 형태의 고급형 서비스를 제공하고 있는데요, 일단 고급형 서비스에 가입하면 99%가 해지 없이 계속 이용하고 있어요. 한두 달 써보고 해지하는 게 아니라, 대부분이 캐시노트가 주는 서비스 효용에 만족한다는 뜻이죠.

캐시노트를 쓰는 중소사업자가 정말 많은데

어떻게 사용자를 모은 거죠.

영업이 쉽지 않았을 거 같습니다.

-

처음 서비스를 기획할 때 오프라인 매장을 직접 돌아다녔는데 사장님 뵙기가 너무 힘들더라고요. 바쁠 때 가면 장사 방해돼서 안되고 안 바쁜 시간은 매장마다 다 달라서 맞추기 힘들고. 온종일 돌아다녀도 의미 있는 대화를 나누는 사장님은 정말 몇 분 안되더라고요. 이런 식의 영업은 답이 아니라고 생각해서 처음부터 오프라인 영업은 하지 않기로 결정했어요. 대신 서비스 만족도를 최대한 끌어올리면 입소문과 비대면 마케팅만으로도 고객을 모을 수 있을 거라고 생각했죠.

디지털마케팅을 효과적으로 운영하며 사장님들이 캐시노트를 써보고 자발적으로 주변에 추천할 정도로 감동적인 서비스를 만드는 데 집중했어요. 실제 캐시노트의 '넷프로모션스코어(순추천 지수)'는 60점 내외에요. 엄청난 마니아를 보유하고 있는 애플 아이폰이 70~80점 정도라는 점을 감안하면 캐시노트 서비스 만족도가 정말 높은 수준이라는 걸 알 수 있어요. 덕분에 현재 캐시노트를 사용하는 사업장의 절반 이상은 지인 추천으로 알아서 가입하신 분들이에요.

캐시노트가 영업조직도 없이

이런 빠른 성과를 내는 결정적 이유가 있나요.

-

변화가 시작될 때 빠르게 진입해야 성공할 수 있다는 오픈서베이 경험 덕분이에요. P2P 금융업체 등장이 금융산업 변화의 시작이었다면, 2017년 초 카카오톡의 지능형 API(Application Programming Interface) 오픈은 서비스 제공 방식에 있어 큰 기회였어요. 국민 메신저 카카오톡 위에서 서비스를 운영하는 시장이 열린 건데 사실 중국에서 한발 앞서 시작된 방식이었죠. 중국 1위 메신저 '위챗'에는 '미니 프로그램'이라고 위챗 위에서 이용할 수 있는 서비스 마켓이 있어요. 위챗 사용자는 별도 앱을 다운로드하는 게 아니라 미니 프로그램에서 필요한 서비스를 검색해 위챗 안에서 바로 사용하죠.

위챗 총 사용시간의 20% 정도가 이 미니 프로그램에서 나올 정도예요. 카카오톡 지능형 API가 이 위챗 미니 프로그램과 같은 건데 카카오가 API를 오픈했을 때 거대한 변화가 시작됐다고 느꼈어요. 마치 오픈서베이를 처음 시작했을 때처럼요. 아직 국내에서 카카오톡 지능형 API를 활용해 성공한 서비스가 없었지만 이미 위챗 미니 프로그램이 쏟아져 나오기 시작한 중국 상황을 봤을 때 머지않아 카카오톡이 그런 기회의 장이 될 거라고 직감했어요. 그렇다면 남들보다 빨리 이 시장에 들어가야 한다고 판단한 거죠.

빠르게 카카오톡 지능형 API 활용한 서비스를 시작해서 얻은 구체적 이익은 뭔가요.

-

카카오와 공식적 관계를 만든 게 가장 커요. API를 공개한 카카오 입장에서는 이를 잘 활용한 성공사례가 필요했는데 초반에 캐시노트가 눈에 띄었던 거죠. 당시 카카오를 이끌던 임지훈 전 대표를 만났는데 "지능형 API를 잘 이해하고 서비스를 너무 잘 만들어서 처음에는 카카오 내부 부서에서 만든 건 줄 알았다. 이 정도면 카카오가 직접 만드는 것보다 한국신용데이터에 투자하는 게 더 낫겠다"라고 말했어요. 그렇게 카카오에서 투자를 유치했어요.

더 중요한 건 캐시노트가 앞으로 수년간, 사업자 대상 카카오톡 활용 재무회계 솔루션 분야 단독 파트너가 된 거예요. 한동안 유사 서비스가 카카오톡에 들어올 수 없게 된 거죠. 빠른 시장 진입으로 자본 유치는 물론 카카오와 전략적 파트너십을 공고히 할 수 있었어요.

IT 서비스는 선도자 효과가 큰 영역이에요. 탄산수 같은 제품은 후발주자가 얼마든지 자리를 잡을 수 있는 영역이지만 캐시노트 같은 서비스는 한번 쓰면 데이터가 쌓이고 또 익숙해지기 때문에 다른 서비스를 쓸 이유가 없어요. 중소사업자가 쉽게 쓸 수 있는 카카오톡 기반 서비스가 처음으로 나왔다는 점 때문에 알아서 입소문이 난거지 두 번째였다면 이런 바이럴 효과는 없었을 거예요. 이런 의미에서 첫 번째와 두 번째는 파급력 자체가 달라요. 만약 캐시노트와 유사한 서비스가 이미 있었다면 시장에 진입하지 않았을 겁니다.

새로운 시장에 빨리 진입하려면 기회를
앞서 포착해야 하는데 이런 능력은 어떻게 키울 수 있나요.
대표님만의 사업의 기술이 궁금합니다.

-

산업마다 시간과 지역을 달리해 다른 모양과 형태로 반복되는 패턴이 있어요. 1990년대 후반 인터넷이 태동할 때와 2010년 전후로 모바일 생태계가 만들어지기 시작할 때의 패턴은 상당히 닮아 있어요. 앱스토어가 열리고 앱이 많지 않았을 때를 생각해보세요. 그때는 앱스토어에 추천만 되면 엄청난 성장이 보장됐죠. 중국의 위챗 미니 프로그램도 국내보다 앞서 나타난 흐름이었고요. 그래서 평소 산업의 역사와 트렌드에 관심을 갖고 꾸준히 정보를 쌓으면서 패턴을 읽는 연습을 하는 게 중요하다고 생각해요. 역사를 알면 흐름이 보이고 이 흐름에 트렌드를 잘 결합하면 기회의 틈을 볼 수 있다는 것이 저의 사업의 기술입니다.

02

“

성장하는 시장에 진입하는 두 가지 기준

”

“처음 창업을 결심하고 법인을 설립했을 때부터 액티비티 예약 플랫폼을 하려던 건 아니었어요. 여행을 주제로 서비스하겠다는 생각으로 여러 아이템을 검토했어요. 최종적으로 아이템 두 개를 고민했는데 하나는 여행 계획을 짜는 걸 도와주는 트립 플래닝(Trip Planning) 서비스와 액티비티 예약 서비스였죠. 결국 액티비티 예약 서비스를 선택했는데 이 결정이 지금의 와그트래블을 만들었다고 생각해요. 성장성 있는 큰 시장에 진입한, 너무 다행스러운 선택이었죠. 그때 트립 플래닝을 선택했다면 아마 서비스를 진작 접었을 거예요. 이 경험으로 성장하는 시장에 진입하기 위한 나름의 기준이 생겼어요.”

선우윤
와그트래블 대표

MORE.

으로도 큰 경쟁력이라고 생각했죠.
트립 플래닝과 액티비티 예약을 구분했지만 사실 이 두 가지가 완전히 분리되는 것도 아니었어요. 여행 계획의 상당 부분이 여행지에서 할 것을 정하는 거예요. 바꿔 말하면 여행지에서 할 액티비티 예약을 모으면 여행 계획이 되는 거죠. 그렇다면 좋은 액티비티 예약 서비스를 만드는 것으로 스마트한 여행 계획을 도울 수 있는 거잖아요. 이런 생각으로 최종 아이템을 액티비티 예약 서비스로 결정했어요.

아이템을 결정했지만,
당시는 '액티비티'란 말도 생소하던 시절이었습니다.
주위에 평가나 반응은 어땠나요.

-

저희가 바라본 액티비티 시장에 대한 주위의 평가는 '반반'이었어요. 액티비티 예약 플랫폼으로 국내 유력 통신사의 스타트업 육성 프로그램에 지원했는데 보기 좋게 떨어졌어요. 당시 통신사 쪽에서는 액티비티 시장이 없다고 말했어요. 용어도 생소한 시장을 스타트업이 만드는 게 불가능하다, 뭐 이런 이유였죠. 이때 완전 오기가 생겼어요. '우리가 꼭 증명해내겠다'라는.(웃음)
이후에 정부기관에서 하는 스타트업 지원 사업 '스마트벤처창업학

교'에 참여해 1등으로 선정되며 가능성을 인정받았어요. 이걸 계기로 다날과 옴니텔에서 3억 원의 초기 투자를 받았고 2015년 8월 정식으로 서비스 개발에 들어갔어요.

정식 서비스 론칭 전에 초기 투자를 유치할 수 있었던 배경은 무엇이었나요.

-

저희가 첫 투자를 받을 즈음에 글로벌 시장에서 성과를 내는 스타트업이 등장하기 시작했어요. 미국의 액티비티 예약 서비스 '픽닷컴(Peek.com)'과 독일의 '겟유어가이드(GetYourGuide)'가 규모 있는 두 번째 투자 유치에 성공했어요. 액티비티 예약이란 새로운 시장이 열리고 있다는 좋은 증거였죠.

대규모 SNS 채널 구독자를 모은 것도 좋은 평가를 받았어요. 6개월 만에 약 45만 명의 구독자를 모았어요. 액티비티 시장은 이제 막 열리고 있고 우리는 사람을 모을 수 있는 능력이 있다는 점을 강조해 투자자를 설득할 수 있었어요.

초기 서비스 론칭 후 어떻게 시장에서 자리 잡았나요.

-

2016년 2월 와그 앱과 웹을 동시에 오픈했어요. 빠르게 시장에 진입했지만, 첫 번째 서비스는 아니었어요. 기존 여행 서비스 중에 액티비티 예약을 추가한 곳이 있었고 와그와 비슷한 버티컬 서비스도 저희보다 조금 앞서 시장에 진출했어요. 하지만 앱으로 액티비티 예약 서비스를 선보인 건 저희가 처음이었어요. 저희의 전략은 '앱 퍼스트(App First)'였고 마케팅을 앱 사용자를 늘리는 데 집중했어요.

초기에는 SNS 채널에서 콘텐츠를 노출하고 콘텐츠를 통해 앱 설치를 유도했어요. 여행을 좋아하는 구독자를 다수 모은 덕에 마케팅 효율이 높았죠. 앱 다운로드당 비용이 1,000원 미만이었고 앱을 다운로드한 사람 중 절반이 실제 사용자로 전환됐어요. 모바일에서 사용자 경험을 높이는 데 집중한 덕분에 모바일에선 빠르게 확실한 1등으로 자리 잡았어요.

2016년 10월, VC 2곳에서 추가 투자를 받았어요. 이 투자를 받기 위해서 VC가 제시한 마일스톤을 달성해야 했어요. 3월부터 10월까지 평균 월 거래액 2억 원을 만드는 것이었죠. 이 목표를 달성하기 위해 모든 노력을 다했어요. 앱에서 보통 월 거래액이 1억 7,000만 원가량이 나왔어요. 부족한 3,000만 원을 채우기 위해 유명 여행지에 나가 티켓을 직접 팔기도 하고 대학을 돌며 엠티를 주관하는 과대표를 만나 상품을 팔기도 했어요. 이렇게 어떻게든 거래액 2억 원을 맞췄고 추가 투자 5억 원을 받을 수 있었어요.

와그가 국내 액티비티 플랫폼 1위로 올라설 수 있었던 계기는 무엇인가요. 퀀텀 점프를 한 순간이 있었나요.

-

'실시간'을 고민하고 해답을 찾으면서 엄청난 성장을 할 수 있었어요. 이전까지 상당수 액티비티 상품은 고객이 예약해도 티켓을 바로 받을 수 없었어요.

저희가 처음 해답을 찾은 상품은 일명 '일본 패스권'이었어요. 일본은 여행객이 현지 대중교통을 싸게 이용할 수 있는 패스권이 있어요. 보통 여행 가기 전에 이 패스권을 신청하는데 실제 수령까지 3일 이상이 걸려요. 와그 같은 예약 플랫폼이 고객 주문을 받고 패스권을 발권해 택배로 배송하기 때문이죠. 저희도 처음에는 이런 방식으로 일본 패스권을 팔았는데 너무 문제가 많다고 생각했어요. 와그는 실시간을 지향하는데 고객이 예약을 하고 제품을 받는데 물리적 시간이 이렇게 오래 걸린다는 건 문제였죠.

이 문제를 풀기 위해 아이디어를 모았고 혁신적인 해결책을 찾았어요.

어느 시장이든 압도적 1등이 되는 건 어렵다고 생각해요. 예를 들어 1,000억 원 규모 시장에 들어가 어렵게 압도적 1등이 됐다고 생각해 보세요. 압도적 1등이어도 시장 규모가 작아 그 이상의 큰 성공을 만들 수 없어요. 이러면 당연히 투자를 받기도 힘들겠죠.

2조 원 이상 시장이라면 얘기가 달라요. 압도적 1등이 아니어도 충분히 성장성이 큰 시장이니 많은 투자자가 관심을 가질 거예요. 여기에 1등의 점유율이 3% 미만이라면 충분한 혁신을 만들어 역전할 여지가 있어요. 예를 들면 중고차 시장이에요. 중고차 시장은 규모가 크고 1등 서비스도 있지만 1등의 점유율이 3% 미만이고, 그래서 많은 신규 서비스가 진입해 새로운 혁신을 시도하고 있어요. 신규 서비스 상당수가 성장을 위한 투자 유치에도 성공했고 빠르게 매출을 늘리고 있어요.

너무 작은 시장, 확실한 1등이 있는 시장에 뛰어들면 성장에 한계가 있고 결국은 정체될 수밖에 없어요. 반면 성장성이 충분한 시장, 내가 1등이 아니라면 1등의 영향력이 적은 시장에 진입하면 많은 기회를 얻을 수 있어요. 또 시장이 커지면서 기업의 가치도 함께 오르는 이점도 누릴 수 있고요. 이런 맥락에서 당연히 시장 규모와 성장성, 그리고 1등 서비스의 영향력을 고려한 판단이 필요하다고 생각해요.

03

"
문제를 해결하면 시장이 창출된다
"

"처음 악성 댓글 문제를 해결하는 서비스를 만든다고 했을 때 많은 사람이 '시장이 없다', '그런 아이템으로는 돈 벌기 힘들다'라는 말을 많이 했어요. 기존에 없던 시장을 스타트업이 만들 수 있다고 생각하지 않았죠. 하지만 악성 댓글로 고통받는 사람이 존재하는 건 분명한 사실이잖아요. 이 문제를 해결하면 악성 댓글 문제를 고민하는 사람들이 저희가 제시하는 해법에 가치를 지불할 거라고 믿었어요. 결국은 저희가 라이브러리로 악성 댓글을 크게 감소시켰고 소셜댓글 시장을 만들어 냈어요."

김미균

시지온 대표

치를 인정하지 않았다면 라이브러리는 그때 없어졌을지도 몰라요. 해결하고 싶은 문제는 있는데 시장이 없을까 봐 고민이라면 라이브러리 사례를 보고 문제 해결에 집중했으면 좋겠어요. 문제를 해결하면 시장은 어떻게든 만들어진다는 걸 믿고 하고 싶은 일, 의미 있는 일을 포기하지 않았으면 좋겠어요. 내가 하고 싶고, 사회적으로도 의미 있는 일을 해낸다면, 시장도 분명 생길 거고, 그게 바로 사업 성공으로 이어진다고 말하고 싶어요.

04

"

첫 성공이 이어준
두 번째 성공
연쇄창업가 길을 걷다

"

"2013년 12월 딜라이트 대표에서 물러난 후 유학을 갈 계획이었어요. 같은 해 6월 이미 셰어하우스 우주를 시작한 상황이었지만 제가 직접 사업을 할 생각은 아니었어요. 몇몇 마음 맞는 사람들과 '재미있는 아이디어가 있으니 한 번 해보자'는 생각으로 시작한 프로젝트였죠. 어디까지나 파일럿으로 진행한 서비스여서 지금처럼 제대로 사업화할 생각은 당시에는 없었어요. 하지만 우주가 생각보다 큰 반응을 얻었고 같이 우주를 시작한 사람들이 여러 이유로 이탈하면서 고민이 시작됐어요. 벌인 일이 생각보다 커져서 누군가는 책임을 져야 하는 상황이 된 거죠. 계획대로 유학을 가느냐, 다시 우주로 연쇄 창업을 하느냐를 고민해야 했어요. 결론은 제대로 우주를 한번 키워보는 것이었어요. 이 선택이 많은 기회를 가져다주면서 지금의 우주를 만들었다고 생각해요."

김정현

우주 대표

김정현

우주 대표

1986년생
우주 창업 2014년
창업 당시 만 28세

김정현 우주 대표는 2011년 보청기 회사 '딜라이트'로 사업을 시작했다. 가격 거품을 뺀 딜라이트로 보급형 보청기 시장을 개척했고 김 대표는 소셜벤처 대표 사업가로 성장했다. 2013년 파일럿으로 시작한 우주가 좋은 반응을 얻으면서 2013년 12월 딜라이트를 떠나 우주에 올인하며 셰어하우스 1등 서비스로 성장시켰다. 국내에 가장 먼저 셰어하우스 개념을 소개한 우주는 2018년 12월 기준 100호점을 운영 중이며 셰어하우스 운영에서 중개 플랫폼으로 진화하고 있다.

딜라이트 사업 성과를 간단히 소개해주세요.

-

딜라이트는 경제적 여유가 없는 난청 환자에게 싼값에 보청기를 제공하는, 창업으로 사회 문제를 푸는 소셜벤처로 주목받았어요. 저가형은 당시 타 브랜드 보청기보다 40%가량 저렴했고 가격 경쟁력을 무기로 빠르게 성장했어요. 2011년 창업 후 제가 대표이사를 물러난 2014년 12월까지 총 50억 원 투자 유치에 성공했고 매출은 2014년 30억 원을 돌파했어요.

딜라이트 대표에서 물러난 후 다른 창업을 하지 않고 유학을 가려고 한 이유는 뭔가요.

-

제가 딜라이트로 첫 창업을 했을 때 나이가 27살이에요. 어린 나이에 창업하고 사업을 꾸려 오면서 너무 많은 환경에 노출됐고 창업을 하지 않았다면 드러나지 않았을 저의 단점과 부족함을 종종 마주해야 했어요. 이런 상황을 겪으면서 제가 정말 부족하다는 걸 여러 번 느꼈어요. 다행히 운 좋게 첫 창업을 성공적으로 마무리하면서 저의 부족함을 메우기 위한 공부가 필요하다고 생각했어요. 또 새로운 창업을 하기 위한 휴식과 충전의 시간을 갖는 것도 좋을 것 같았고요.

우주는 딜라이트 대표 시절 시작했는데 유학을 계획하고 있으면서 또 새로운 서비스를 선보인 이유는 뭔가요.

-

딜라이트를 운영하면서도 늘 새로운 아이디어를 찾고 검토하는 일을 계속해 왔어요. 우주 외에도 다양한 아이디어를 검토했고 실제 몇몇 아이디어는 사업화를 진지하게 고민하기도 했어요.
딜라이트는 사실 제 또래가 아닌 어르신의 문제를 해결하는 사업이었어요. 제가 노년층이 아니다 보니 열심히 그분들의 문제를 찾고 고민해도 스스로 공감하지 못하는 경우가 있었어요. 그래서 제 또래인 '2030 청년의 고민과 해결책은 뭘까'에 집중해 아이디어를 모았어요. 그 결과 청년 주거 문제가 심각하다는 걸 인지했고 셰어하우스가 이 문제 해결에 도움이 될 수 있겠다고 생각했어요. 해외에서 몇몇 셰어하우스 서비스가 성과를 내는 걸 보고 충분히 우리나라에서도 통할 수 있겠다고 판단했어요.

우주 1호점을 종로구 권농동에 냈습니다.
당시 반응은 어땠나요.

-

1호점은 '창업가를 꿈꾸는 집'을 콘셉트로 스타트업 창업에 관심 있는 사람을 모았어요. 예비 창업자끼리 한집에 살며 자연스럽게 아이디어를 공유하고 네트워크를 확장할 수 있었죠. 종로 한옥을 임대해 리모델링 후 입주자를 모았는데 반응이 예상보다 너무 좋았어요. 입주 경쟁률이 무려 16 대 1이었어요. 셰어하우스에 대한 청년층의 관심과 수요를 확인하면서 '미술가를 꿈꾸는 집'으로 2호점을 냈어요. 이렇게 특별한 콘셉트를 잡아 제가 우주에 본격 합류하기 전까지 4개 점을 운영했어요.

파일럿으로 시작한 우주가 뜨거운 반응을 얻었습니다.
계획대로 유학을 가도 되는 상황 아니었나요.
유학을 포기하고 우주에 합류한 이유가 무엇인가요.

-

우주가 인기는 있었지만, 회사 차원에선 관리가 전혀 안되고 있었어요. 한 마디로 인기는 있는데 돈은 못 버는, 적자가 나는 상황이었죠. 당시 적자를 제 개인 돈으로 충당했는데 계속 이런 식으로 운영할 수는 없었어요.

같이 우주를 창업한 동료도 이유의 하나였어요. 초기 멤버 몇몇이 회사를 떠났고 남은 사람 역시 진로를 결정해야 했어요. 그중에는 우주의 가치를 믿고 이 사업을 계속하고 싶어 하는 동료도 있었어요. 초반에는 사실 저보다 이들의 역할이 컸어요. 힘들게 우주를 이끌고 온 동료를 배신할 수 없다는 책임감이 있었어요.

가장 중요한 이유는 우주가 사회적으로도 의미 있고 사업적으로도 가능성이 크다는 개인적 판단이었어요. 주거 문제로 고통받는 청년들에게 우주는 훌륭한 대안 중 하나였어요. 셰어하우스로 청년에게 주거비 부담을 더하지 않고 더 넓고 좋은 공간을 제공할 수 있었죠. 그래서 많은 분이 우주에 열광했고요. 어느 순간 입주 경쟁률이 30,40 대 1이 넘었죠. '원하는 사람이 이렇게 많은데 제대로 사업화하는 게 맞지 않나'라는 생각이 들었어요.

또 당시 코워킹스페이스 산업이 크게 성장하는 걸 보면서 셰어하우스도 비슷한 성장이 가능할 거라고 봤어요. 그렇다면 빨리 사업을 시작한 우주가 시장을 선점할 수 있다고 판단했어요.

청년들에게 인기가 높았는데 적자가 난 이유는 뭔가요.

우주에 본격 합류한 후 어떻게 회사를 정상화시켰나요.

\-

경영관리가 전혀 되지 않았어요. 테스트 차원에서 진행한 일이라 회사로서 존속하고 성장하기 위한 구조를 만들지 않았어요. 비용도 모두 제 사비로 감당했고요.

처음에는 회사를 흑자로 만드는 데 집중했어요. 먼저 '창업가의 집', '미술가의 집'처럼 콘셉트 위주의 인테리어 방향을 수정했어요. 새로운 지점을 낼 때마다 새로운 콘셉트에 맞춰 인테리어를 하다 보니 표준화가 안됐고 비용이 상승할 수밖에 없었어요. 콘셉트 별로 인테리어 하는 것이 나름의 장점이 있지만, 매번 새로운 콘셉트를 연구해 새로운 인테리어를 적용하는 건 비용과 시간, 무엇보다 사업 확장 관점에서는 비효율적이었어요. 그래서 몇 개 타입으로 인테리어를 표준화했어요.

셰어하우스 하나를 내기 위해선 임대 보증금이 필요한데 부동산이다 보니 비용이 많이 들었어요. 보증금은 보통 대출로 마련하는데 금리를 낮추는 게 매우 중요해요. 자금을 저리로 조달할 수 있는 모든 곳과 접촉했어요. 초기 개인 간 거래(P2P) 플랫폼에서 싸게 자금을 조달했고 이후에는 사회적 문제를 해결하는 기업을 지원하는 한국사회투자에서 저리로 대출을 받을 수 있었어요.

직영에서 가맹, 위탁운영으로 확대하면서 지점도 크게 늘렸어요. 셰어하우스를 하고 싶은 분에게 창업 교육을 제공하고 리모델링과 인테리어, 입주자 모집을 돕는 방식으로 가맹점을 늘렸어요. 또 직접 운영에 부담을 느끼시는 분에게는 공간을 위탁받아 저희가 직접 운영을 대신했어요. 이런 노력으로 1년 6개월 만에 우주를 50호점까지 늘렸고 회사를 흑자구조로 만들 수 있었어요.

우주는 비교적 저렴한 가격으로 좋은 집에 살 수 있어 청년들에게는 좋지만 반대로 집을 빌려주는 임대인 입장에서는 수익률이 떨어지는 게 아닌가요. 임대인도 충분히 수익을 보고 있는 건가요.

-

처음에는 셰어하우스를 할 집을 찾는 것도 쉽지 않았어요. 여러 사람이 집을 쓰면 집이 빨리 망가진다는 생각에 집을 빌려주는 걸 꺼리는 분이 많았죠. 사실 청년들은 살림이 단출하고 집에 있는 시간이 적어 셰어하우스로 쓴다고 집이 더 망가지지는 않거든요. 초기엔 어쩔 수 없이 문제가 생기면 회사가 보상하겠다는 약속을 하고 임대를 하는 경우가 많았어요.

수익률은 결국 공실률과 관련이 있어요. 저희가 정의하는 공실률은 365일 중 방이 비는 날의 비율이에요. 방이 비는 시간이 길어지면 수익률이 낮아지는 건데 우주의 경우 평균 공실률이 5% 미만이에요. 공실률이 5%를 넘는 곳이 있으면 회사 차원에서 특별 관리에 들어가요.

셰어하우스는 여전히 청년들의 관심이 높지만 공급이 부족한 상황이에요. 처음 우주를 시작할 때는 대학생을 중심으로 대학가 근처에 공간을 마련했는데 요즘은 직장인 수요가 크게 늘어 직장인 공간도 계속 확대하고 있어요. 이런 상황 덕분에 공실 걱정 없이 임대인도 만족하는 수익을 내고 있어요.

여러 명이 함께 사는 만큼 안전과 프라이버시,
무엇보다 역할 분담에 대한 갈등이 있을 거 같은데요.
이런 문제는 어떻게 해결하나요.

-

입주자를 인터뷰하고 선정하는 과정에서 저희의 약관을 설명하고 동의를 받는 과정이 있어요. 여럿이 함께 문제없이 살기 위한 가이드도 제시하고요.

여성분들은 오히려 셰어하우스를 안전하다고 여겨요. 혼자 원룸에 사는 것보다 여럿이 아파트나 빌라에서 사는 게 아무래도 안심이 더 되는 거 같아요. 프라이버시 문제 역시 가이드가 있어 큰 문제는 되지 않아요.

거실과 화장실처럼 함께 쓰는 공간은 청소 문제가 있는데 처음에는 사용자끼리 자율적으로 협의하는 걸 유도했어요. 하지만 어쩔 수 없이 다툼의 여지가 생기더라고요. 그래서 공동 공간의 경우, 별도 비용을 받고 전문 업체에 청소를 맡기는 방식으로 문제를 해결했어요.

우주 50호점을 내고 회사를 흑자 구조로 전환했습니다.

이후에는 어떻게 성장했나요.

-

셰어하우스가 주목받으면서 사업 규모도 커졌어요. 자산운용사와 협업해 아예 건물 전체를 셰어하우스로 만드는 일도 하고 있어요. 펀드를 운영하는 자산운용사가 토지를 매입해 셰어하우스 건물을 지으면 우주가 입주자를 모으고 관리하는 방식이에요. 기존에는 일반 아파트나 빌라 임대로 셰어하우스를 운영해 동선을 최적화하고 관리 효율을 크게 높이기 어려웠어요. 지금은 구조와 동선을 셰어하우스 운영에 맞게 설계하고 커뮤니티 시설로 셰어하우스 가치를 더욱 높이고 있어요.

큰 자금을 굴리며 수익률을 우선하는 자산운용사가 셰어하우스에 과감하게 투자하는 건 이전에는 볼 수 없던 현상이에요. 그만큼 우주가 개척한 셰어하우스라는 시장이 성장 가능성이 높다는 걸 인정받은 거죠. 덕분에 우주는 100호점을 돌파했고 흑자를 넘어 매출도 빠르게 늘고 있어요.

회사가 잘되는 만큼 자연스럽게 투자 유치 기회가 있었을 것 같습니다. 투자를 받으셨나요.

-

많은 벤처캐피털(VC)에서 투자 제의가 있었어요. 결과적으로 VC 투자는 받지 않았는데 이유는 셰어하우스라는 시장이 언제, 어떻게, 어떤 방향으로 성장할지 확신이 없어서였어요. VC 투자금은 펀드에서 나오는데 모든 펀드는 만기가 있잖아요. 만기에 맞춰서 투자자를 엑시트(Exit)해줘야 하는데 이 엑시트 시기와 셰어하우스 성장 시기가 맞지 않으면 자칫 투자자 이슈로 곤란해질 수 있다는 생각을 했어요. 그래서 VC 투자는 받지 않고 긴 호흡으로 장기적 시너지를 낼 수 있는 몇몇 기업의 투자만 받았어요. 이 투자로 현재는 분명한 사업적 성과를 내고 있어요.

단순 이익이 아닌 사회적 가치를 추구하는 대표님의 철학이 우주 성장에 기여했다고 생각하나요.

-

일정 부분 그렇다고 생각해요. 셰어하우스로 단순히 돈만 버는 게 아니라 일을 통해 뿌듯함도 얻어요. 이런 뿌듯함이 행복의 원천이 되고 더 열심히 일하게 만들죠. 저뿐만 아니라 우주 구성원 모두가 마찬가지예요. 청년 문제를 고민하고 그들에게 새로운 선택지를 제시한 덕분에 넘치는 사랑을 받을 수 있었어요. 우주 입주자 역시 우주를 지지하고 진심으로 응원하는 분들이죠. 이런 접근이 사용자의 사랑을 받고 이를 통해 경제적 성공도 만들어 내는 이유라고, 저는 생각해요.

유학을 가지 않고 우주에 올인한 것을
성공의 가장 큰 이유로 꼽았습니다.
대표님만의 사업의 기술은 무엇인가요.

-

우주의 성장은 연쇄 창업을 한 덕분이라고 생각해요. 정말 많은 사람이 저를 믿고 많은 기회를 연결해줬어요. 첫 창업에 성공했다는 게 저에 대한 신뢰를 높여줬고 성공 경험이 있는 사람이 공백 없이 바로 새로운 사업을 한다는 걸 높게 평가해줬어요. 지인을 통해 초기 대출 금리 부담을 낮출 수 있었던 P2P 플랫폼과 협업할 수 있었고 셰어하우스라는 낯선 시장에 투자한 자산운용사도 만날 수 있었어요. 또, 저의 경험을 높이 산 좋은 투자자의 도움도 받을 수 있었고요. 운도 좋아, 우주에 본격 합류한 이후 셰어하우스를 배경으로 한 영화와 드라마, 예능이 미디어를 타면서 자연히 우주에 대한 관심도 높아졌고 마침 '위워크' 같은 코워킹스페이스가 국내 시장에서 인기를 끌면서 셰어하우스도 함께 주목받았어요.
이 모든 게 연쇄 창업을 하지 않았다면 없었을 일이에요. 휴식기를 가졌다면 첫 창업에서 얻은 네트워크가 충분히 발휘되지 않았을 거고 저의 성공 경험도 분명 가치가 떨어졌을 거예요.
개인적으로 엔젤투자를 하고 있는데 저 역시 성공 경험이 있는 연쇄 사업가에게 믿음이 가더라고요. 경험이 있으니 적어도 말도 안되는 이유로 무너지지는 않을 거란 최소한의 신뢰가 생겨요. 그래서 좋은 사람도 많이 소개해주고요. 우주로 연쇄 창업을 한 제가 딱 이런 경우였던 거 같아요. 그래서 저는 유학을 미루고 연쇄 창업을 선택한 게 확실한 성공의 기술이었다고 생각해요.

CHAPTER

2

도약을 이끈 선택

05

"

안전한 중고거래를 만든 발상의 전환

"

"헬로마켓은 중고물품과 재능, 경험, 공간 등 개인이 가진 다양한 아이템을 중개하는 플랫폼이에요. 이중 가장 비중이 큰 건 역시 대중에게 익숙한 중고거래에요. 중고거래는 판매자가 돈을 받고 물건을 제대로 보내지 않는 '사기'가 가장 큰 문제인데, 마땅히 이를 해결할 방법이 없었어요. 구매자가 상품을 받고 이상이 없음을 확인하면 판매자가 수익을 가져가는 '에스크로'란 방식이 있었지만 여러 이유로 제대로 사용되지 않았죠. 이 문제를 해결하기 위해 저희가 찾은 해법은 '헬로안심페이'였어요. 일반 에스크로가 거래 안전을 위해 판매자가 비용을 내는 방식이었던 반면 헬로안심페이는 구매자가 비용을 부담해야 해요. 이전까지 시장에서 통용되는 방식을 180도 뒤집는 것으로 출시까지 많은 고민과 논의가 있었어요. 결과적으로 헬로안심페이가 폭발적 반응을 얻으면서 안전을 위해 구매자가 기꺼이 비용을 지불하는 새로운 개인 간 거래 문화를 만들어 냈어요."

이후국

헬로마켓 대표

hellomarket

이후국

헬로마켓 대표

1974년생
헬로마켓 창업 2011년
창업 당시 만 37세

이후국 헬로마켓 대표는 대학생 때부터 창업을 목표로 꾸준히 경험을 쌓아왔다. 병참 장교로 군에서 출납과 물류 시스템을 경험했고 미국 노스캐롤라이나대 MBA 졸업 후 한샘 뉴욕 맨해튼 지점장으로 근무했다. 이후 귀국해 프라이스워터하우스쿠퍼스(PwC) 컨설턴트로 일하다 2011년 4월, 4명의 공동창업자와 함께 사업을 시작했다. 2011년 8월 서비스를 시작한 헬로마켓은 2018년 12월 기준 누적 다운로드 600만 건, 등록 거래 아이템 1억 건 이상을 기록했다. 헬로마켓의 누적 투자 유치액은 약 200억 원 규모다.

헬로마켓이 개인 간 거래 플랫폼을

주목한 이유는 무엇인가요.

-

2010년 말 공동창업자 5명이 모여서 창업 아이템을 고민할 때 '경제적 상황 고려', 'IT 트렌드 선점', '사회적 가치 실현'이란 3가지 방향성을 잡았어요. 당시는 글로벌 금융위기 직후라 전 세계적으로 경기가 좋지 않았어요. 또 아이폰이 등장한 후 모바일 생태계가 폭발적으로 성장하고 있었고 공유 경제란 키워드 역시 큰 주목을 받던 시기였어요. 이런 상황에 딱 맞는 게 바로 개인 간 거래 서비스였어요. 경제가 어려우니 개인 간 중고거래가 크게 늘었고, 국내 중고거래 시장은 특정 포털 내 카페와 커뮤니티를 중심으로 이뤄져 모바일 대응이 제대로 되지 않았어요. 또 공유경제의 부상으로 자원을 나눠쓰는 협력적 소비가 큰 관심을 받았죠. '늘어나는 개인 간 거래를 모바일 중심으로 쉽고 편하게 풀어내 공유경제 확산이란 사회적 가치를 실현하자'가 자연히 저희의 미션이 됐고 2011년 4월 법인을 설립하며 본격적인 사업을 시작했어요.

창업 당시,

헬로마켓이 정의한 시장의 문제는 무엇이었나요.

-

개인 간 거래 대부분이 오프라인에서 직접 만나 이뤄진다는 점이었어요. 물건을 사는 사람 대부분이 직거래를 선호하는데 이유는 '안전에 대한 불안감' 때문이에요. 직접 만나서 거래하지 않으면 사기를 당할 수도 있다는 불안감이 있어요. 실제 이런 사기가 많은 것도 사실이고요. 판매자와 구매자가 물리적으로 만나서 거래할 수 있으면 다행인데 그렇지 않으면 거래가 어렵잖아요. 서울 사는 사람이 중고거래 때문에 부산까지 갈 수는 없으니까요. 이런 경우 많은 사람이 거래를 포기하고 일부가 사기 위험을 안고 거래를 해요. 쉽게 말해 구매자가 물건을 받기 전에 먼저 돈을 부치는 거죠. 필요한 제품을 싸게 사기 위해 일종의 도박을 하는 건데 사실 말이 안되는 거래 방식이잖아요. 거래는 개인이 하지만 안전은 플랫폼이 담보해줘야 하는데 당시 어떤 서비스도 이 문제를 제대로 풀지 못했어요. 저희는 이 안전 문제를 풀면 오프라인 직거래가 사라지고 개인 간 거래 시장이 크게 성장할 수 있다고 봤어요. 직거래를 선호하지만 사실 만나고 싶어서 만나는 게 아니잖아요. 불안하니까 직접 만나는 불편을 감수하는 거지. 이 불안을 해결할 수 있다면 시장에서 유의미한 서비스로 성장할 수 있을 거라고 판단했어요.

신규 서비스는 사용자 확보가 우선입니다.
당시에도 이미 중고거래 대명사 격인 플랫폼이 있었는데
헬로마켓은 어떻게 초기 사용자를 모았나요.

-

'사용자가 많아야 아이템이 많아진다', '아이템이 많아야 사용자가 늘어난다' 이 문제는 사실 '닭이 먼저냐 달걀이 먼저냐'와 같은 거예요. 헬로마켓 입장에서 보자면 판매자와 사용자, 어느 쪽에 방점을 두느냐의 문제였는데 저희는 초기 판매자 편의를 높이는 것에 집중했어요. 2010년 당시 카페 기반 플랫폼들은 모바일 대응이 느렸어요. 판매자가 물건을 팔기 위해서는 카메라로 사진을 찍고 이 사진을 PC로 옮기고 카페에 접속해 판매 글을 작성해야 했어요. 카페는 글을 쓸 수 있는 조건이 있어서 이 조건을 충족하지 못한 사람은 원하는 시점에 판매 글을 쓸 수도 없었어요. 헬로마켓은 우선 판매자가 편하게 아이템을 올릴 수 있게 했어요. 스마트폰으로 사진을 찍고 앱에 바로 이미지를 업로드하고 판매 글을 쓰죠. 글은 회원 가입만 하면 누구나 바로 쓸 수 있고요. 다른 서비스가 터치 5번에 판매 글 올리는 게 끝난다면 헬로마켓은 3번에 끝낼 수 있게 했어요. 제품 키워드를 등록하면 자동으로 카테고리도 추천했죠. 이렇게 판매자로 한 번이라도 앱을 써 본 사람은 기존 서비스 대비 헬로마켓이 얼마나 편한가를 느낄 수 있게 사용자 경험을 높이는 데 중점을 뒀어요. 이런 노력을 바탕으로 판매자가 늘었고 자연스럽게 등록 아이템이 증가하면서 사용자 유입도 늘어나는 선순환이 만들어졌어요.

서비스 개시 초기 헬로마켓은 안전 문제를 해결하기 위해 어떤 방안을 마련했나요.

-

헬로안심페이 개발이 헬로마켓 기획 단계부터 계획에 있었지만 여러 이유로 서비스 초기에는 적용할 수 없었어요. 그 대신 서비스 시작부터 '사기 없는 클린 마켓'을 강조하고 사용자 대상 캠페인과 철저한 모니터링으로 사기 행위를 걸러내려고 노력했어요. 온라인 거래 사기 경력 조회 서비스와 제휴해 악성 사용자 유입 시 따로 모니터링을 했어요. 서비스 초기에는 정말 구성원 모두가 헬로마켓을 클린 마켓으로 만들기 위해 힘썼어요. 예를 들면, 당시 저희 팀이 10명 정도였는데 팀원 모두와 야간 모니터링 근무 인원을 더해 순번을 짜서 24시간 모니터링을 했어요. 종종 사람이 없는 오전 시간 극장을 빌려 팀원 모두 영화를 보러 가곤 했는데 여기서도 교대로 모니터링을 했죠. 영화 클라이맥스 순간에 순번이 걸린 사람은 영화를 못 보고 스마트폰으로 모니터링 활동을 해야 했어요.(웃음) 내 자식이 깨끗하게 자라길 바라는 마음으로 구성원 모두가 사기 없는 서비스를 만드는데 최선을 다했어요.

모니터링만으로 완벽하게 사기를 막을 수 있었나요.

-

사기를 막기 위해 정말 최선을 다했지만 완벽하게 막을 수는 없었어요. 10대 사용자가 주부 회원을 상대로 돈만 받고 잠수하는 사기가 발생했어요. 피해액은 10만 원 정도였는데 그때 내부 구성원이 받은 충격이 정말 너무 컸어요. 곱게 키운 자식 얼굴에 큰 상처가 난 기분이랄까. 피해 사실이 접수된 순간 구성원 모두 맡은 일을 중단하고 사기꾼 추적에 나섰어요. 앱 내 활동 이력을 단서로 하루 만에 범인을 찾았고 피해자에게 사과 후 돈을 돌려주는 방식으로 해결했어요. 이 사건을 계기로 캠페인과 모니터링만으로는 100% 사기를 막을 수 없다는 걸 절감했고 헬로안심페이 개발을 서둘러야 한다는 결론을 내렸어요.

이 사건 이후에 바로 헬로안심페이가 적용된 건가요.

-

헬로안심페이는 쉬운 개발이 아니었어요. 결제와 배송, 환불 등 여러 단계의 수많은 변수를 고려해야 하고 어떤 환경에서도 오류 없이 실행되려면 충분한 개발 시간이 필요했어요. 수수료를 판매자가 아닌 구매자가 부담한다는 것도 기존에는 없던 개념이라 헬로안심페이 도입에 대한 내부 의견도 정리해야 했고요. 그래서 헬로안심페이 도입 전 1년간, 에스크로를 서비스에 적용했어요. 물론 에스크로가 안전 문제를 획기적으로 개선해 줄 거란 기대는 없었어요. 이미 다른 서비스에서 사용되고 있었지만 쓰는 사람이 별로 없었거든요. 그럼에도 헬로마켓에 에스크로를 도입한 건 아주 조금이라도 안전 문제 해결에 도움이 되기를 바라는 마음과 에스크로와는 완전히 다른 방법이 필요하다는 저희의 가설을 검증해보기 위해서였어요. 중고거래의 안전 문제를 해결하기 위한 해답이 에스크로가 아니라는 저희의 판단을 확인하는 의미가 있었어요.

실제 에스크로를 헬로마켓에 적용한 결과는 어땠나요.

-

예상대로 에스크로를 쓰는 사람은 거의 없었어요. 비율로 보면 전체 거래에 1% 미만이 에스크로를 사용했어요. 에스크로는 활성화가 어렵고 이 때문에 거래 안전도 담보할 수 없을 거라는 저희의 예상이 사실로 확인됐죠.

사용자가 에스크로를 쓰지 않는 이유는 뭔가요.

-

에스크로는 거래 안전을 위해 판매자가 수수료를 내는 방식이에요. 구매자가 돈을 입금하면 헬로마켓 같은 플랫폼이 그 돈을 가지고 있다가 실제 판매자가 물건을 보내고 이 물건을 받은 구매자가 이상 없음을 확인하면 수수료를 제외한 금액을 판매자에게 보내주는 구조에요. 거래 안전을 담보할 수는 있지만, 판매자 입장에선 수수료도 내야하고 돈도 바로 받을 수 없으니 사용하지 않는 거죠. 물건을 가진 판매자가 직거래 혹은 에스크로를 쓰지 않는 방식으로 거래를 유도하니 구매자는 에스크로를 이용할 수가 없는 거예요. 간혹 구매자가 에스크로 방식을 요구하면 판매자 대부분은 그 구매자에게 물건을 팔지 않아요. 안전에 대한 불안은 구매자에 관한 이야기지 판매자에게는 해당되지 않거든요. 에스크로는 필요를 느끼지 못하는 판매자에게 비용과 불편함을 요구하는 방식이에요. 그러니 실제 거래에선 외면받을 수밖에 없는 거죠.

헬로안심페이 개발 과정에서는 어떤 고민이 있었나요.

-

헬로안심페이는 처음 서비스 기획 단계부터 꼭 필요한 서비스로 분류했지만, 실제 개발과 적용에는 많은 고민이 있었어요. 일단 헬로안심페이 도입에 대한 내부 의견이 통일되지 않았어요. 도입 찬성과 반대가 정말 팽팽히 맞섰어요. 몇 가지 우려가 있었는데 헬로안심페이는 일단 직거래를 제외한 모든 온라인 거래에 기본 적용을 목표로 했어요. 에스크로처럼 사용 여부를 선택하는 게 아니라 헬로마켓에서 거래하는 사용자라면 선택 여부없이 헬로안심페이를 쓰도록 한 거예요. 이 과정에서 구매자가 마음에 드는 상품을 발견하면 판매자 동의 없이 일단 제품값에 수수료를 더해 결제부터 하는 거죠. 판매자가 구매자에게 제품을 보내고 구매자가 구매를 확정하면 수수료 차감 없이 판매 수익을 100% 받고요. 이렇게 되면 예외 없이 안전 거래를 담보할 수 있는데 여러 문제가 예상됐어요. 일단 구매자가 수수료를 과연 낼 것인가에 대한 의구심이 있었고 물건을 받기 전에 결제 수수료부터 내는 것도 사용자 반발이 우려됐어요. 또 결제를 했는데 판매자가 판매 의사를 철회하거나 판매 절차를 지연하는 등 환불 이슈가 발생했을 때 처리 방법도 복잡했고요. 이런 이유로 헬로안심페이 도입을 반대하는 내부 의견이 있었어요. 찬성하는 사람은 판을 뒤집기 위해서는 완전히 새로운 방식이 필요하다는 입장이었어요. 안전에 대한 비용 부담을 꺼리는 판매자 대신 안전에 대한 확신을 원하는 구매자 중심으로 서비스를 풀어 보자는 의견이었죠. 비록 약간의 비용이 발생하더라도 안전을 담보하는 장치가 제대로 작동하면 사용자에게 새로운 가치를 줄 거라는 입장이었죠. 이런 주장이 마지막 순간까지 팽팽하게 맞서 선뜻 결정을 내리기 쉽지 않았어요.

대표로서 헬로안심페이 도입을 결정한 이유는 뭔가요.
내부 의견이 반으로 나뉘었는데 결정 후
조직의 동요는 없었나요.

-

기존의 방법이 매력적이면 그 안에서 해법을 찾으면 돼요. 하지만 에스크로가 매력적인 방법이 아니라는 건 저희가 이미 예상했고 또 직접 확인한 사실이었어요. 헬로마켓 서비스를 론칭하고 헬로안심페이 도입까지 3년이란 시간이 걸렸어요. 이 3년이란 시간 동안 업계에는 아무런 변화가 없었고요. 근본적인 변화를 위해서는 기존과 완전히 다른 방법이 필요하다고 판단했어요. 방향이 결정된 순간 팀은 하나가 됐어요. 모두가 함께 어떻게 서비스를 잘 풀어낼 것인가를 고민했고 팀원 모두가 헬로안심페이의 절대적인 지지자가 됐어요. 일단 논의는 치열하게 하지만 결론이 난 이후에는 한마음으로 나아가는 헬로마켓의 문화가 십분 발휘됐어요. 덕분에 아무런 내부 갈등 없이 헬로안심페이 개발에 집중할 수 있었어요.

헬로안심페이 개발 과정에서의 어려움은 없었나요.

-

서비스 프로세스를 정립하는 데 시간이 오래 걸렸어요. 구매자가 수수료를 내는, 세상에 없던 개념에 결제와 환불, 배송이 연계된 서비스라 각 상황 별로 예상 가능한 이슈를 정리하는 것도 쉽지 않았어요. 개발팀부터 고객 응대팀까지 모든 팀의 이슈를 모아 정리하고 개발에 반영하기 위해 정말 많은 회의를 했어요. 이렇게 모든 프로세스를 도식화해 큰 종이 한 장으로 정리하는데 1년이 넘는 시간이 걸렸어요. 그래서 개발이 시작도 안됐는데 이 프로세스를 완성한 것만으로 엄청나게 뿌듯했어요.(웃음) 여러 변수를 체크해 어떤 상황에서도 오류가 없는지 확인하는 것도 쉽지 않았어요. 돈이 오가는 결제 서비스라 이 과정에서 한 번이라도 오류가 나면 신뢰도가 크게 떨어지니까요. 다양한 환경, 상황을 염두에 두고 서비스 안정성을 실험했어요. 어느 정도였느냐면, 아랍어로 결제되는 상황, 수중 2m에서 결제 요청이 발생하는 상황까지 가정해 테스트했어요.(웃음)

헬로안심페이에 대한 사용자 반응은 어땠나요.

현재까지의 성과도 소개해주세요.

-

헬로안심페이 반응은 처음부터 폭발적이었어요. 저희가 예상하고 기대했던 대로 안전을 위해 기꺼이 비용을 지불하는 구매자가 많았어요. 헬로안심페이 사용자는 도입 한 달 만에 에스크로 1년 사용자 수를 넘어섰어요. 사용자 수는 헬로안심페이가 도입된 2015년 대비 2017년 말까지 700% 이상 증가하는 엄청난 성장을 기록했어요. 현재는 헬로마켓 전체 거래의 약 10%가 헬로안심페이를 통해 이뤄지고 있고 이런 증가 추세가 계속되고 있어요.

헬로안심페이 도입으로 개인 간 거래 시장의

안전 문제가 크게 개선됐나요.

-

새로운 개념을 시장에 소개하고 안착시키는 데는 성공했다고 평가해요. 헬로안심페이 사용 건수와 거래액이 크게 늘고 있고, 경쟁업체에서도 비슷한 서비스를 내놓았으니 방향성은 맞는 거죠. 헬로안심페이 고도화는 저희의 미션이자 서비스 핵심이에요. 회사 내 별도 태스크포스팀이 사실상 사용자의 모든 반응을 체크해 꾸준히 서비스에 반영하고 있어요. 배송과 주문취소 등 상황별 이슈를 정리해 우선 개선할 것부터 업데이트가 진행 중이에요. 저희의 목표는 헬로안심페이를 쓸 수밖에 없는 환경을 만드는 거예요. 현금이 있지만 카드를 쓰는 건 여러모로 이점이 있기 때문이잖아요. 직거래를 할 수도 있지만 헬로안심페이를 쓰는 게 편하고 혜택이 많으면 더 많은 사용자가 헬로안심페이로 거래할 거예요. 이렇게 되면 저희가 추구하는 '세상에서 가장 쉽고 안전한 개인 간 거래 마켓'이라는 목표가 실현되는 거죠. 그때까지 꾸준히 기능을 고도화하고 포인트와 택배비 지원 등 다양한 혜택을 제공해 헬로안심페이 사용자를 늘려나갈 계획이에요.

헬로안심페이는 기존의 개념을
완전히 뒤집은 역발상의 결과입니다.
이런 아이디어를 발굴하는 사업의 기술이 궁금합니다.

-

헬로안심페이는 단순한 역발상의 결과가 아니에요. 결과적으로는 판매자가 내던 수수료를 구매자가 부담하는 방식이니 역발상이라고 할 수도 있지만 '기존의 것을 반대로 해보자', '스타트업이니 새로운 것을 해보자' 이런 단순한 접근은 아니었어요. 안전이란 문제를 해결하기 위해 판매자와 구매자의 심리와 행동을 하나하나 뜯어보고 해결책을 고민했어요. 그리고 기존의 서비스는 물론 다양한 가능성을 검토했죠. 헬로안심페이 역시 하나의 방법론으로 오랜 시간 고민했고 그 결과 가장 유력한 해결 방법으로 판단해 적용한 거예요. 헬로안심페이 성과는 역발상이나 아이디어가 아니라 시장과 사용자 성향을 꼼꼼히 따져보고 확인한 결과에요. 그래서 역발상이나 새로움보다는 시장과 사용자에 대한 철저한 분석에 따른 접근이 더 중요하다는 것이 제가 배운 사업의 기술이에요.

사업의 기술

06

“사용자를 인플루언서로 대역전을 만든 방법”

"2009년 11월 iOS 기반 애플리케이션 정보를 제공하는 '팟게이트'를 선보였어요. 이후 아이폰이 국내 시장에서 인기를 끌면서 회사도 빠르게 성장했죠. 팟게이트는 iOS 앱을 추천하는 서비스로 영향력이 컸고 자연히 앱 마케팅 플랫폼으로 발전하며 큰 매출을 올렸어요. 그러다 갑자기 안드로이드가 대세가 되고 리워드 기반 앱 마케팅이 주류가 되면서 생존을 위협받을 정도로 회사가 어려워졌어요."

박무순
오드엠 대표

"생존을 위해 새로운 활로를 찾아야 했고 저희의 선택은 팟게이트 사용자의 영향력을 활용하는 것이었어요. 팟게이트는 사용자가 스스로 앱을 소개하고 추천하는 커뮤니티 기능이 강했어요. '사용자가 알아서 앱을 추천하게 하고 성과에 따라 경제적 보상을 주면 어떨까'라는 아이디어가 애드픽의 출발이 됐어요."

안소연
오드엠 부사장

박무순

오드엠 대표

1977년생
오드엠 창업 2011년
창업 당시 만 34세

안소연

오드엠 부사장

1979년생
오드엠 창업 2011년
창업 당시 만 32세

박무순 대표는 야후코리아 개발자로 일하던 2009년 11월, 혼자 힘으로 iOS 앱 추천 서비스 '팟게이트'를 론칭했다. 팟게이트가 인기를 끌면서 2010년 3월 회사를 떠나 본격적인 사업가의 길에 들어섰다. 야후코리아에서 기획자로 일하며 박 대표와 인연을 맺은 안소연 부사장은 현재 오드엠의 서비스 기획과 운영을 총괄하고 있다. 오드엠은 2013년 인플루언서 마케팅 플랫폼 '애드픽'을 론칭하며 2016년 99억 원, 2017년 102억 원의 매출을 올리며 제2의 도약을 이뤘다.

팟게이트로 본격적인 사업을 시작했습니다.

팟게이트는 어떤 서비스였나요.

-

박무순 대표

팟게이트는 iOS 기반의 쓸만한 앱을 소개하는 서비스에요. 지금이야 앱에 대한 정보가 많지만, 당시는 좋은 앱에 대한 정보를 찾기 쉽지 않았어요. 애플 앱스토어의 추천 기능도 약했고요. 팟게이트는 iOS 앱 정보를 제공하는 포털이자 사용자가 앱을 평가하고 의견을 나누는 커뮤니티로 자리매김했어요.

인기를 끈 가장 큰 요인 중 하나는 일명 '오늘만 무료'로 유료 앱의 한시적 무료 다운로드 정보를 제공한 것이었어요. 아이폰은 좋은 유료 앱이 많고 이 앱을 특정 기간 무료로 다운로드할 수 있는 기회가 있어요. 이 정보를 모아 제공하면서 아이폰 사용자들 사이에서 '아이폰 필수 앱'이라는 평가를 받았죠.

팟게이트 성과는 어느 정도였나요.

-

박무순 대표

2009년 11월 팟게이트 웹서비스를 처음 출시했어요. 당시에는 회사에 다니면서 서비스를 운영했는데 너무 잘 돼서 자연스럽게 회사를 나와 창업을 하게 됐어요. 팟게이트는 PC버전, 아이패드 버전, 유료 버전 등으로 여러 서비스를 출시했고 시리즈의 총 다운로드는 iOS 기준 1,000만 건이 넘었죠. 서비스를 내고 3년간 회사가 거둔 매출이 50억 원 정도였어요. 직원 4명이 연 매출 20억 원을 하기도 했어요.

당시 국내 앱 마케팅 플랫폼은 팟게이트가 유일했고 그래서 광고주가 몰려왔어요. 팟게이트에 광고를 내기 위해 광고주가 한 달 이상 대기하는 상황도 벌어졌죠. 2012년까지는 '팟게이트에서 밀면 무조건 앱스토어 상위 랭킹에 든다'라는 정설이 통하던 시기였어요.

잘 나가던 팟게이트에 어떤 위기가, 왜 찾아온 건가요.

-

박무순 대표

2013년 들어 안드로이드 시장이 급성장했어요. 이전까지는 아이폰에 맞설 제대로 된 단말기가 없었는데 몇몇 히트작이 나오면서 상황이 급변했어요. 순식간에 안드로이드의 국내 시장점유율이 90%까지 치솟았고 반대로 팟게이트 사용자는 하루가 다르게 급감했어요. 너무나 갑작스러운 상황 변화에 '멘붕'이 찾아왔어요. 저희뿐만 아니라 iOS를 주력으로 하던 서비스 모두 마찬가지였어요.

사실 당시 안드로이드는 iOS에 비해 너무 퀄리티가 떨어졌어요. 단말기도 그렇고 좋은 앱도 거의 없었고요. 워낙 퀄리티 차이가 커 안드로이드가 iOS를 역전하는 상황이 올 거라고 생각하지 않았어요. 그래서 시장 변화에 제대로 대응할 수 없었어요.

안소연 부사장

다른 이유는 리워드 기반 앱 마케팅 플랫폼의 등장이었어요. 소위 말하는 '보상형 CPI(Cost Per Install)'인데, 사용자에게 앱 설치 대가로 보상을 주는 서비스들이 인기를 끌었죠. 사용자는 앱 하나를 다운로드하는 대가로 100원~200원을 받을 수 있었어요. 이 서비스들을 통해 엄청난 앱 다운로드가 일어나자 광고주가 모두 보상형 CPI 시장으로 이동했어요. 광고주가 떠난 시장에서 매출이 급감했고 직원 일부를 정리하는 상황까지 이르게 됐어요.

오드엠은 어떻게 위기에 대응했나요.

-

안소연 부사장

급하게 팟게이트 안드로이드 버전을 출시했어요. 하지만 iOS 같은 성과는 얻지 못했어요. 팟게이트는 오늘만 무료인 유료 앱을 추천하는 게 핵심인데 당시 안드로이드는 제대로 된 유료 앱이 전무하다시피 했어요. 유료 앱을 한시적으로 무료로 전환하는 것도 정책상 불가능해 '오늘만 무료'라는 콘셉트가 성립조차 안됐어요.

또, 아이폰과 달리 안드로이드 기반 단말기에는 번들로 깔린 기본 앱이 많았어요. iOS 사용자가 다양한 앱을 찾아 직접 써보는 마니아적 성향이 강했다면 안드로이드 사용자는 앱에 대한 관심 자체가 크지 않아 번들 앱 사용에 만족하는 성향도 있었죠. 이런 상황에서 저희 역시 경험이 없어 iOS 앱을 안드로이드 버전으로 그대로 냈을 뿐 사용자에게 충분히 어필할 매력 있는 앱을 만들지 못했고요.

박무순 대표

보상형 CPI가 앱 마케팅 시장을 휩쓸고 있었지만 오드엠이 이런 추세를 따라갈 생각은 하지 않았어요. 사용자에게 단지 앱 설치만을 대가로 돈을 주는 건 저희가 생각하는 마케팅 본질과는 거리가 있다고 생각했거든요. 좋은 앱을 발견하고 추천하며 자연스럽게 사용자가 되는 진성 마케팅 플랫폼이란 팟게이트의 본질을 지키고 싶어 많은 고민을 했고 이 고민이 결국 애드픽으로 이어졌어요.

애드픽은 어떻게 탄생했나요.

애드픽 개발 당시의 상황이 궁금합니다.

-

안소연 부사장

2013년 들어 회사가 갑자기 어려워지면서 몇 달간 적자가 이어졌어요. 팟게이트가 워낙 서비스 개시와 동시에 큰 매출을 올렸던 터라 이런 상황이 당황스러웠죠. 직원을 줄이고 그동안 벌은 돈으로 회사를 운영하며 절박한 마음으로 활로를 찾았어요. 처음에는 어떻게든 팟게이트를 살리기 위해 노력했어요. 안드로이드에서 다양한 시도를 했지만 잘 안됐고 어쩔 수 없이 팟게이트가 아닌 다른 곳에서 방법을 찾아야 했어요.

팟게이트 밖에서 해법을 찾아야 했지만, 팟게이트 사용자는 꼭 활용해야 한다고 생각했어요. 이들은 순수하게 앱을 쓰고 분석하고 추천하는 걸 즐겼어요. 그러다 보니 팟게이트 사용자가 추천하는 앱은 자연스럽게 다운로드가 잘 나왔어요. 새로운 서비스는 이런 진성 사용자에 기반을 둔 마케팅 플랫폼을 만드는 것을 목적으로 했어요.

박무순 대표

기술적으로 애드픽을 구현할 수 있는 힌트를 얻은 게 결정적이었어요. 외국계 광고 대행사와 일을 하면서 매체별로 고유 링크를 발급하고 이 링크를 추적해 성과를 지표화하는 기술을 발견했어요.
A라는 매체에서 마케팅 캠페인을 시작하면 A 매체 전용 링크를 발급하고 이 링크를 추적해 클릭률과 전환율 등 원하는 성과를 집계하는 거죠. 제가 충분히 개발할 수 있는 기술이었고 링크를 개별 사용자 별로 발급하고 집계하면 성과에 따른 공정한 보상이 가능할 거라는 아이디어를 얻었어요.
일반 사용자가 고유 링크를 생성한 후 특정 앱을 추천하는 콘텐츠를 만들어 블로그나 페이스북 등 자신의 채널에 올리는 거죠. 이 사용자의 콘텐츠를 보고 앱에 관심이 생긴 사람이 링크를 누르면 앱스토어로 이동해 다운을 받을 수 있고요. 링크를 통해 앱 다운로드가 몇 건 일어났는지 집계할 수 있으니 다운로드 건수대로 사용자에게 보상할 수 있는 거죠. 이런 식으로 사용자와 윈윈할 수 있겠다는 판단에 1달 만에 개발을 완료하고 애드픽을 세상에 내놨어요. 이때가 2013년 12월이에요.

초기 애드픽에 대한 반응은 어땠나요.

-

안소연 부사장

애드픽이 안되면 사업을 접기로 했을 만큼 절박한 상황이었는데 기존 광고주나 업계 관계자 반응이 너무 안 좋은 거예요. 애드픽을 소개하면 정말 10명 중 8~9명은 '안된다'라고 했어요. '일반인이 제대로 된 마케팅 콘텐츠를 만들 수가 없다', '사용자를 속이는 어뷰징 콘텐츠가 판을 칠 거다', '그런 식의 마케팅 상품은 시장성이 없다'라는 의견이 대부분이었어요. 인플루언서라는 말도 없던 때라 이들을 활용한 마케팅 플랫폼이란 걸 이해시키기도 쉽지 않았어요.

박무순 대표

시장 반응은 부정적이었지만 내부 테스트 결과는 좋았어요. 팟게이트 사용자 100명을 대상으로 애드픽을 소개하고 성과에 따라 팟게이트 포인트를 주는 실험을 했는데 결과가 나쁘지 않았어요. 생각보다 어뷰징 콘텐츠가 없었고 보상을 받으니 열심히 활동하는 사용자도 많았어요. 실제 서비스로 나오면 열심히 할 테니 꼭 출시해 달라는 사용자도 있었고요. 테스트 결과를 보고 '이거 되겠다'라는 느낌을 받았어요.

애드픽은 앱을 소개해 줄 사용자, 일명 '인플루언서'를 많이 모으는 게 중요한데 초기에 어떻게 이들을 모았나요.

-

박무순 대표

2013년 12월 애드픽 베타 서비스를 론칭했어요. 초기 활동자가 필요했는데 팟게이트 사용자가 마중물이 돼 줬어요. 첫 캠페인으로 애드픽을 소개하고 다운로드가 일어나면 천 원의 보상을 지급했어요. 원래도 아무 대가 없이 앱을 소개하는 걸 즐겼던 분들이었는데 보상이 따라오니 더 열심히 활동을 해줬고 덕분에 애드픽이 입소문이 나면서 자연적으로 인플루언서가 늘었어요.

기존 보상형 CPI 서비스 사용자도 대거 애드픽으로 유입됐어요. 보상형 CPI 서비스에서 앱을 하나 깔면 얻는 보상이 100원 정도였던 반면 애드픽은 보상형 CPI 서비스 대비 최소 몇 배 이상은 됐어요. 보상의 규모가 크게 차이가 나면서 수익을 목적으로 하는 사용자도 크게 늘었어요. 그렇게 서비스 론칭 후 1년 만에 약 30만 명의 인플루언서를 모을 수 있었어요.

부정적 평가를 했던 광고주 반응은 어떻게 변했나요.

시장에서 애드픽이 인정받은 계기가 궁금합니다.

-

안소연 부사장

처음에는 광고주 설득이 어려웠어요. 애드픽 같은 광고 플랫폼이 처음이라 이에 대한 이해가 없었죠. 서비스 초기, 애드픽의 광고 효율이 너무 좋은 게 문제가 되기도 했어요. 이전 광고는 대부분 배너나 푸시 알림 등으로 이뤄졌고 광고 노출 횟수와 클릭률로 성과 측정을 했어요. 배너 같은 경우 노출 대비 클릭률이 1% 미만인 경우가 대부분인데 애드픽은 30~50%가 나왔어요.
인플루언서가 만든 매력적인 콘텐츠 덕분에 클릭률이 높은 건데 기존 배너 광고와 차이가 너무 크게 나다 보니 광고주 대부분이 이런 높은 효율을 이해하지 못했어요. 그래서 어뷰징을 한다는 오해를 사기도 했어요. 한 해외 네트워크 광고사는 애드픽 클릭률이 너무 높아 자체적으로 어뷰징으로 판단, 광고를 끊기도 했어요. 시간이 가면서 애드픽 캠페인 성공사례가 쌓이고 시장의 이해도가 높아지면서 자연스럽게 해결됐지만, 한동안 이런 오해가 계속됐어요.

서비스 초기 애드픽이 시장에 자리 잡을 수 있었던
대표적 성공사례를 소개해 주세요.

-

박무순 대표

'레알팜'이라는 게임의 앱 다운로드 캠페인이 화제가 됐었어요. 현재까지 애드픽을 통해 이뤄진 누적 다운로드가 약 32만 건인데 이

게임은 사용자가 게임에서 키운 작물을 실제 집으로 보내주는 이벤트를 했어요. '레알팜에서 채소를 키우면 집으로 채소가 와요'라는 바이럴 포인트가 잡히면서 애드픽 인플루언서들이 높은 성과를 냈어요.

애드픽을 통해 다운로드도 많이 일어났지만 유입된 사용자의 질이 너무 좋아서 더 주목받았죠. 애드픽 인플루언서의 콘텐츠를 보고 앱을 다운로드한 사용자의 앱 사용률이 다른 마케팅 매체로 유입된 사용자의 앱 사용률 대비 훨씬 높았어요. 당연히 광고주 입장에선 애드픽을 선호할 수밖에 없었죠. 이 캠페인 덕분에 애드픽이 광고주 사이에서 인정받는 플랫폼이 됐어요.

안소연 부사장

레알팜 캠페인을 계기로 대형 페이스북 페이지가 애드픽 인플루언서로 진입하기 시작했어요. 당시 대형 페이스북 페이지들은 엄청난 구독자로 거대한 트래픽을 만들었지만 이렇다 할 수익모델이 없었거든요. 이들이 애드픽 캠페인을 활용해 수익을 만들게 된 거죠. 거대 페이스북 페이지가 인플루언서로 합류하면서 애드픽이 또 한 번 성장할 수 있었어요.

애드픽을 운영하면서 큰 위기는 없었나요.

-

박무순 대표

어뷰징 이슈가 있었어요. 보상이 크다 보니 수익만을 목적으로 하는 인플루언서들이 어뷰징을 하면서 앱 설치 후 실사용자 전환율, 결제율 등 전체 광고 효율이 떨어지기 시작했어요. 예를 들어, 앱을 1건 다운로드 시킬 때마다 애드픽에서 받는 보상이 천 원이에요. 이를 이용해 친구들에게 500원을 주고 앱을 다운로드시키는 사용자도 있었죠. 어느 순간 이런 식의 사용자가 늘면서 어뷰징 관리 이슈가 커졌어요.

안소연 부사장

카피캣도 하나, 둘 생기기 시작했어요. 경쟁자가 생기는 건 어쩔 수 없는데 문제는 저희에게 광고 물량을 대주던 회사까지 직접 카피캣 서비스를 내면서 광고가 끊기기도 했어요. 또 유력 인플루언서를 확보하기 위한 서비스 간 경쟁도 심해졌죠. 애드픽이 선두였던 만큼 후발주자들의 집중 견제를 받았어요. 광고주에게는 '무조건 애드픽보다 싸게', 인플루언서에게는 '애드픽보다 많이'가 그들의 구호였어요. 자연히 저희도 광고 단가를 낮추고 인플루언서 보상은 높일 수밖에 없었죠.

어뷰징 문제는 어떤 해법을 찾았나요.

-

박무순 대표

기술적으로 모니터링을 강화했어요. 자체적으로 모니터링 프로그램을 개발해 인플루언서 활동을 추적하고 있어요. 특정 IP와 기기에서 반복적으로 성과가 나오는 등 정상을 벗어난 패턴이 파악되면 경고 알람이 가고 활동이 자동 차단돼요. 성과 출처가 불분명한 회원은 출처를 명확히 해명해야 보상을 받을 수 있어요. 반복된 어뷰징이 확인된 회원은 활동 자격을 박탈하고요. 반대로 올바른 방식으로 높은 효율을 내는 상위 인플루언서에게는 높은 등급과 보상을 제공해요. 이들을 롤모델로 다른 인플루언서들이 더 열심히 활동할 수 있는 유인책을 제공하는 셈이죠.

안소연 부사장

인플루언서가 어뷰징 유혹에 빠지지 않게 마케팅 역량 강화를 돕는 프로그램을 운영하고 있어요. 팸 제도를 통해 회원 간 교류와 노하우 공유의 장을 만들어 주고 있어요. 초기 회원이 빠르게 성장할 수 있도록 애드픽 마케팅 교육을 온·오프라인에서 진행하고 앱 내에서 인플루언서가 노하우를 사고팔 수 있는 장터도 운영하고 있어요.

카피캣 서비스와의 경쟁은 어떻게 대응하고 있나요.

-

안소연 부사장

앱 다운로드에서 벗어나 다양한 영역에서 성과형 인플루언서 마케팅을 진행하고 있어요. 영상 재생형, 클릭형, 예약형, 판매형 등 다양한 성과 기반 상품을 출시해 인플루언서의 영향력을 확대하고 있죠. 영상 재생형 광고는 개봉 영화의 예고 영상을 인플루언서 채널에서 노출하고 재생당 수익을 줘요. 현재 영화 광고주가 가장 선호하는 마케팅 방식이 됐죠. 지금은 앱 광고주보다 앱 이외의 광고주 비중이 더 높아요. 후발주자들이 아직 앱 마케팅에만 머물러 있는 반면 애드픽은 새로운 영역에서의 가능성을 꾸준히 실험, 증명하고 있어요.

오드엠 창업으로 얻은 사업의 기술이 있다면 무엇인가요.

-

박무순 대표

'오드엠(odd:특이한, 이상한)'이라는 회사 이름처럼 늘 새롭고 독특한 것을 해야 한다는 나름의 강박감이 있어요. 그래서 기회를 놓치기도 하지만 덕분에 얻는 것도 커요. 보상형 CPI 시장이 호황일 때 따라가지 않은 탓에 당장 어려움도 겪었지만 애드픽으로 다시 도약할 수 있었어요.
시장은 반드시 변하고 항상 다음을 고민해야 해요. 자신만의 철학을 가지고 다음을 고민하지 않으면 늘 변화하는 환경에 휩쓸릴 수밖에 없다고 생각해요. 단단한 철학 위에서 새로운 도전을 해야 한다는 걸 지난 경험을 통해 실감할 수 있었어요.

안소연 부사장

팟게이트는 어떻게 보면 창업하자마자 너무 잘 된 케이스였어요. 그래서 그 성공에 취해 한동안 그 안에 매몰돼 있었죠. 팟게이트 성공이 너무 크고 달콤해 팟게이트를 벗어나야 한다는 생각을 못 했고 안드로이드가 대세가 된 후에도 어떻게든 팟게이트 안에서만 돌파구를 찾으려다 많은 시행착오를 겪었어요.
그래서 당장의 성공에 매몰되지 않고 늘 다음을 준비하는 게 중요한 거 같아요. 준비 없이 변화의 순간을 맞으면 회사는 휘청일 수밖에 없어요. 당장 사업이 안 돼도 힘들지만 잘 돼도 불안할 수밖에 없고 또 그게 정상인 거 같아요. 그래서 저는 일희일비하지 않고 꾸준히 다음을 대비하는 게 가장 중요하다고 생각해요.

사업의 기술

07

“
병행수입에서 제조로 450억 원 매출 마켓비를 만들다
”

"이케아 병행수입으로 창업을 하고 한동안은 이케아 물건을 중국에서 떼다가 파는 것도 버거웠어요. 그러다 어느 정도 경험이 쌓이고 일을 효율적으로 할 수 있게 됐을 때쯤 좋은 제안을 받았어요. 2006년 후반 중국 이케아에서 물건을 고르는데 현지인 한 분이 말을 걸어왔어요. 현지 가구 제조 공장 사장님이었는데 저에게 이케아에서 물건을 사지 말고 제품을 만들어줄 테니 브랜드를 론칭하는 게 어떠냐는 제안이었죠. 젊은 여자가 이케아에서 물건을 대량으로 사 컨테이너에 싣는 모습을 인상적으로 지켜보신 거예요. 이 제안을 계기로 OEM 제조를 준비해 2008년 '마켓비' 이름으로 첫 자체 상품을 출시했어요."

남지희
마켓비 대표

남지희

마켓비 대표

1979년생
마켓비 창업 2005년
창업 당시 만 26세

남지희 마켓비 대표는 국내 한 무역회사 중국 지사에서 일하며 사업의 꿈을 키웠다. 중국 지사 인근 이케아 매장을 애용하다 기회를 발견하고 가구 병행수입으로 사업을 시작했다. 2008년 자체 브랜드 '마켓비'를 론칭해 본격적인 가구 제조 기업으로 성장했다. 가성비로 유명한 글로벌 브랜드 이케아보다 우수한 가격 경쟁력으로 2017년 매출 360억 원을 올렸고 2018년 예상 매출은 450억 원에 이른다. 전국에 직영점 2개, 대리점 20개 매장을 운영하고 있으며 화장품과 아동의류 등으로 영역을 확장하고 있다.

사업에 관심이 있었지만,

직장인으로 사회생활을 시작했습니다.

꼭 창업해야겠다고 결심한 순간이 궁금합니다.

-

창업 전 직장 생활을 할 때 발리로 휴가를 간 적이 있어요. 발리는 숙소에 대부분 좋은 수영장이 있어서 바다를 앞에 두고도 수영장만 이용하는 사람이 많더라고요. 저는 발리 해변으로 나갔어요. 발리 해변은 파도는 높은데 물은 깊지 않아 서핑하기 좋은 곳이에요. 서핑을 하며 파도를 타는데 너무 재미있는 거예요. 파도에 넘어져도 바로 일어나 또 서핑을 하고 또 넘어지고, 다시 보드를 타고. 이렇게 하다 보니 어느 순간 파도를 조금 읽게 되고 그러면 조금 더 파도를 즐길 수 있게 되더라고요. 이때 느꼈어요. 수영장에만 있으면 이 즐거움을 모르겠구나. 나는 수영장에만 있지 말고 바다로 나가야지. 그렇게 막연히 고민만 하던 창업을 하겠다고 결심을 했어요.

개인의 성향 외에 창업의 필요를 느낀

다른 이유가 있었나요.

-

제가 23살 때 아버지가 갑자기 돌아가셨어요. 아버지가 사업을 하셔서 유복하게 자랐는데 아버지가 돌아가신 후 가세가 기울었어요. 갑자기 어려워진 집안 형편에 힘든데 의지하던 언니마저 미국으로 이민을 갔어요. 남동생은 어리고, 엄마는 평생 주부로 사셔서 경제력이 없고. 제가 가장이라는 책임감이 생겼어요. 가장이니 생계를 책임지면서 아버지 생전의 여유 있는 삶을 가족에게 돌려주고 싶었어요. 사실 가족 누구도 저에게 가장 역할을 바라지 않았어요.(웃음) 제가 스스로 가장 역할을 자임한 거죠. 제 성격이 그래요. 에너지 넘치고, 적극적이고 오지랖도 넓고.(웃음)

어떻게 하다 중국에서 직장생활을 한 거죠.

중국에서의 생활은 어땠나요.

-

첫 직장은 대기업 계열사였는데 소득이 크지 않았어요. 그래서 한 무역회사 중국 지사로 자리를 옮겼어요. 대학에서 중국어를 전공해 언어에 문제가 없었거든요. 아무래도 외국에 상주하는 일이라 급여 수준이 이전 직장 대비 2배 정도 높았어요. 당시 저는 월급을 얼마나 받느냐가 가장 중요했기 때문에 다른 거 생각하지 않고 중국으로 갔어요.

그곳에서 3년가량 일했는데 회사 일도 정말 열심히 했어요. 왜 그런 사람 있잖아요. 호기심 많아서 시키지도 않은 일을 하고, 누가 뭐라고 안 해도 성과에 엄청나게 집착하는 스타일. 주변에 '쟤가 왜 저래?'하는 사람도 있었던 거 같아요. 저는 열심히 일하는데 누군가는 이런 저를 불편하게 여기기도 하더라고요. '아, 나는 회사보다 사업이 더 맞겠다'라는 생각이 들었어요. 이러면서 조금씩 구체적인 창업 아이템을 고민하기 시작했어요.

회사를 다니면서 창업을 준비했습니다.
온라인 쇼핑몰에 관심을 가진 계기가 있나요.

-

중국에 있다가 휴가를 얻어 한국에 돌아와 TV를 보는데 의류 쇼핑몰로 성공한 사람 얘기가 나왔어요. 20살 남짓한 여자 창업자가 의류 쇼핑몰로 4억~5억 원 매출을 올리고 있었죠. 인터넷을 찾아보니 이런 사람이 여럿 있는 거예요. 대개 옷이나 신발을 팔았는데 제품을 보니 대충 원가와 마진을 알겠더라고요. 어려서부터 워낙 눈썰미가 좋아 뭐든 상품을 보면 '이건 원가가 얼마면 되겠다' 이런 감이 있었어요.

더구나 중국에서 무역회사에 다닌 덕에 여러 공장을 가봤어요. 이곳에서 실제 제조원가도 많이 봤고요. 옷이나 의류는 마진이 좋아 충분히 사업성이 있겠더라고요. 하지만 의류는 제가 할 수 있는 아이템은 아니었어요. 제가 옷이나 패션에 크게 관심이 없었거든요. 대신 적은 돈으로 시작할 수 있는 온라인 쇼핑몰이 매력적으로 다가왔어요. 온라인 쇼핑몰로 창업해야겠다는 생각에 아이템을 1년 정도 고민했었어요.

이케아 병행수입이란 기회를 발견한
계기를 말씀해주세요.

-

중국 지사 숙소에서 버스 두 정거장 거리에 이케아 매장이 있었어요. 해외에 혼자 있으니 심심하기도 하고 주변에 딱히 갈 데도 없고 해서 주말마다 이케아 매장에 가서 시간을 보냈어요. 이케아에서 아이스크림과 핫도그를 팔았는데 당시 우리 돈으로 110원 정도였어요. 저렴하게 한 끼 때우고 가져간 책도 보고 가구와 인테리어 소품을 보고 그랬어요. 그때는 그렇게 온종일 이케아에서 시간을 보내는 게 재밌더라고요.
그러다 이케아 가구 사진을 찍어서 싸이월드 개인 홈피에 판매 글을 한번 올려봤는데 반응이 너무 좋은 거예요. 당시 우리나라에는 이케아 매장이 없었고 지금처럼 직구 문화도 없었죠. 싸이월드에서 수요를 확인하고 네이버 블로그를 운영하면서 이케아 가구 관련 포스팅을 시작했어요. 네이버 지식인에 가구 관련 질문에도 답을 달고. 네이버 블로그에 제 싸이월드 홈피 링크를 넣고 이케아 가구를 사고 싶은 사람은 싸이월드 홈피에서 쪽지로 신청하게 했어요.
당시만 해도 인터넷으로 가구를 파는 곳이 전무했어요. 네이버에서 가구 관련 키워드로 검색했을 때 제 블로그가 상단에 떴죠. 덕분에 엄청난 트래픽을 얻을 수 있었어요. 싸이월드 쪽지로 정말 많은 주문이 몰려왔어요. 싸이월드에서 이케아 가구를 팔기 시작한 지 2달이 되니 판매 수입이 월급의 몇 배가 되는 거예요. 그래서 가구를 온라인으로 파는 걸로 아이템을 정하고 본격적인 이케아 병행수입 판매에 나섰어요.

엄청난 주문이 쏟아졌는데 어떻게 사업을 꾸려갔나요.

-

일단 중국 현지인을 고용해 이케아에서 가구를 사고 배송하는 업무를 맡겼어요. 저는 물류와 운영 비용을 효율화하는 일을 했는데 컨테이너를 계약해 한 번에 대량으로 싸게 물건을 보냈죠. 그래서 주문을 받으면 배송 완료 시점을 최대 2달로 잡았어요. 일단 컨테이너를 다 채워서 보내야 하니까요. 사실 컨테이너 계약은 물량을 못 채우면 손해인데 과감하게 결정했어요. 제가 좀 깡이 있는 편이거든요.(웃음) 막상 계약하자 컨테이너는 2~3일 만에 다 찼어요. 당시 국내에도 이케아에 대한 수요가 있었는데 이케아 소품을 파는 매장은 있어도 가구를 파는 곳은 없었어요. 이 수요를 제가 흡수한 거죠.

블로그와 지식인 외에 다른 마케팅 채널은 없었나요.

-

카페에서도 바이럴이 잘 됐는데, 대표적으로 중고거래 카페였어요. 컨테이너로 가구를 실어 오면 2~3개는 흠집이 나서 정상 판매가 안 되는 상품이 생기거든요. 이 상품을 정가보다 싸게 카페에 올리면 정말 순식간에 팔렸는데 엄청난 조회 수가 나왔어요. 당시는 이케아가 정말 '핫'한 제품이라 특별한 마케팅 고민이 없어도 알아서 입소문이 났었던 거 같아요.

한국에 돌아와 본격적인 창업을 했습니다.
당시 상황을 말씀해주세요.

-

회사를 다니면서 2년가량 이케아 가구를 팔았어요. 생각보다 규모가 커지면서 회사를 다니면서 할 수 없는 수준이 됐고 퇴직 후 2005년 한국에 돌아와 제대로 된 사업을 시작했어요. 창고 비용이 싼 파주에 자리를 잡았는데 지역이 지역인지라 사람 구하기가 쉽지 않았어요. 그래서 동생 친구, 친구 동생, 엄마 친구 아들 등등 일할 수 있는 사람을 끌어모아 숙소를 제공하며 함께 일했어요.

이때는 정말 눈코 뜰 새 없이 바빴어요. 당시 대형 카드회사 한 곳에서 이벤트 참여를 제안했는데 카드사 고객이 포인트로 저희 제품을 살 수 있는 이벤트였어요. 이 이벤트에서 하루 만에 4,000여 개가 팔린 거예요. 당시 중국에 이케아 매장이 6개 있었는데 6개 매장 물건을 다 사와도 부족한 거예요. 결국, 홍콩, 싱가포르 매장까지 가서 물건을 사 와야 했어요. 이 정도로 엄청난 주문이 밀려들었고 창업과 동시에 폭발적으로 성장할 수 있었어요. 이후 앞서 얘기한 대로 OEM 제조라는 더 큰 도약을 위한 선택을 했고 2008년 '마켓비'란 브랜드를 론칭했죠.

자체 브랜드 상품의 초기 반응은 어땠나요.
신생 브랜드라 시장 안착이 어렵지는 않았나요.

-

브랜드 론칭과 동시에 시장의 반응이 바로 왔어요. 이케아 제품을 오래 팔은 덕에 대중이 왜 이케아에 환호하는지 알고 있었거든요. 여러 이유가 있지만 가장 핵심은 가성비에요. 대중이 좋아하는 디자인의 상품을 이케아보다 싸게 팔았어요. 이케아랑 디자인과 성능은 비슷한데 가격은 최소 10%, 많게는 절반가량 저렴했죠. 이케아가 가성비의 대명사인데 이케아보다 더 예쁘고 더 저렴한 상품이 나왔으니 입소문이 저절로 났어요. 가구도 신기하고 예쁜 상품을 먼저 써보는 얼리어답터가 많은데 이분들이 제품을 사용하고 알아서 홍보 글을 써줬어요.

이때까지도 인터넷에서 가구를 파는 업체는 저희가 유일했어요. 가구 관련 키워드를 검색하면 저희 제품 정보만 나왔죠. 이런 요소들이 더해져 '마켓비 국민 조명', '마켓비 국민 서랍장', '마켓비 국민 선반' 같은 히트작이 쏟아졌고 덕분에 독자 브랜드로 빠르게 자리를 잡았어요.

가구를 제조하면서 겪은 어려움은 무엇인가요.

-

제조 공장이 갑자기 문을 닫는 경우가 많아요. 가구 제조가 워낙 노동력에 의존하는 산업이라 중국처럼 단기간에 인건비가 크게 오른 곳은 인건비를 감당하지 못하고 망하는 경우가 많아요. 이 밖에도 여러 문제로 사장이 '야반도주'하는 일이 종종 발생해요.
저도 이런 일을 몇 번 겪었어요. 처음 당한 업체는 이케아에 1년에 500억 원가량의 자작나무 식탁을 납품하던 큰 공장이었는데 사장이 어느 순간 야반도주를 해버렸어요. 다행히 담당자랑 관계가 좋아 사장이 잠적하기 전에 회사 분위기가 심상치 않다는 정보를 얻었어요. 그래서 사장이 사라진 후 바로 공장에 가서 팔 만한 물건을 싹 걷어 오기도 했어요.
거래하던 제조업체가 갑자기 망하거나 특정 지역의 이슈로 제조 단가가 급격히 오르는 걸 막기 위해 지금은 중국뿐 아니라 덴마크, 베트남, 방글라데시, 모로코, 남아프리카공화국 등 다양한 나라의 업체와 거래하고 있어요.

다양한 국가의 제조업체와 일하는 데 어려움은 없나요.

-

새로운 제조업체와의 계약은 늘 쉽지 않아요. 글로벌 가구 브랜드와 거래하는 업체는 저희에게 호의적이지 않죠. 그들이 볼 때 저희는 작은 거래처에 불과하니까요. 이들에게는 마켓비 주문을 받음으로써 얻는 이익에 대해 잘 설득해야 해요. '우리는 몇몇 제품을 대량으로 수입해 월 10만~20만 개를 판다. 우리 주문을 받으면 당신들이 받던 기존 업체의 발주량이 몇 배는 늘 거다'라고 말하죠.

예를 들어 저희가 이케아 상품과 비슷한 제품을 내면 이케아가 저희 제품에 대응하기 위해 가격을 내려요. 가격이 내려가면서 판매가 늘고 그러면 제조 공장 생산량도 느는 거죠. 실제 저희와 거래를 트고 이케아 등 글로벌 브랜드 발주량이 크게 증가한 공장이 많아요. 이런 소문이 나면서 지금은 신규 제조 공장 발굴도 수월해진 편이에요.

좋은 제조공장을 고르는 대표님만의 노하우가 있나요.

-

몇 가지가 있는데 기본은 대형 브랜드와 거래하는 업체하고만 계약한다는 거예요. 다른 하나는 업력이 최소 20년 이상 돼야 한다는 거죠. 회사 분위기가 좋으냐도 중요한 판단 기준이에요. 저는 계약하기 전에 대상 업체를 반드시 가봐요. 가보면 회사가 주는 분위기가 있거든요. 직원들 표정이 좋지 않은 업체는 반드시 나중에는 문제가 생겨요. 일하는 직원들의 표정과 그들이 만들어내는 분위기를 보고 계약 여부를 결정하는 게 노하우라면 노하우에요.

마켓비 제품 판매가 이케아 병행수입 판매를

넘어서는 데는 얼마나 걸렸나요.

현재도 병행수입을 하고 있나요.

-

마켓비 제품 판매가 이케아 병행수입 판매를 넘어서는 데는 브랜드 론칭 후 1년 남짓 걸린 거 같아요. 이케아보다 훨씬 싸게 제품을 팔면서 선반, 수납장, 캐비닛, 조명 등 다양한 카테고리에서 히트작이 나왔어요. 한 달에 몇십만 개씩 제품을 팔았어요.

지금은 전체 매출에서 이케아 병행수입이 차지하는 비중이 1~2%에 불과할 정도로 자체 제품 비중이 절대적이죠. 한 달에 1만 개 이상 팔리는 마켓비 제품이 20여 개 정도 돼요. 이러면서 한때는 한 달에 컨테이너 15개로 실어 나르던 병행수입은 이제 컨테이너 1~2개로 줄었어요.

한국에 이케아가 직접 진출했는데

병행수입을 유지하는 이유가 있나요.

-

병행수입을 유지하는 이유 중 하나는 중국에 주재원이 있기 때문이에요. 직원이 중국에서 계속 근무하기를 원하는 한 자리를 없애지 않을 거예요. 어떤 이유에서든 마켓비에서 일하기 원하는 직원을 정리하지 않는다는 게 제 사업 철학이기도 하거든요.

병행수입부터 브랜드 론칭까지 어떻게 보면 큰 어려움 없이 사업이 순항한 것 같은데 큰 위기는 없었나요.

-

굳이 꼽자면 2008년 말 발생한 글로벌 금융위기 때 많이 힘들었어요. 글로벌 금융위기로 위안화와 달러 환율 모두 단기간에 2배 이상 뛰었어요. 고객에게 결제 받은 돈으로 물건을 사야 하는데 그 사이 환율이 크게 올라서 물건을 팔면 남기는커녕 오히려 손해가 나는 상황이었죠. 물건을 한, 두 개 사는 것도 아니고 몇천 개를 사는데 환율로 인한 손해가 이만저만이 아니었어요. 환율 문제로 당시 가구 수입 회사 중 절반 이상이 문을 닫을 정도였어요.

고객에게 양해를 구해 주문을 취소하고 환불 처리하려고도 했었는데 주문마다 다 사정이 있더라고요. 누군가에겐 그 주문이 혼수였어요. '마켓비를 믿고 결혼 준비를 했는데 이제 와서 제품을 못 판다고 하면 어떻게 하냐'라는 말에 고객과의 약속을 어기면 안되겠다는 생각이 들었어요.

그래서 손해를 보면서도 정상적으로 고객 주문을 받고 제품을 보냈어요. 한 7~8개월을 이렇게 손해를 보며 제품을 팔았는데 이 기간 손해 본 돈이 100억 원 정도에요. 그동안 번 돈이 다 날아갔죠. 환율이 어느 정도 안정되고 시장이 정상화될 즈음에는 정말 탈탈 털리고 아무것도 없는 상황이었어요.(웃음)

엄청난 위기였는데 손해를 보면서도
계속 제품 판매를 한 이유는 뭔가요.

-

일단 고객과의 약속을 지켜야 한다는 이유가 가장 컸어요. 다른 이유는 제가 위기를 위기로 받아들이지 않기 때문인 거 같아요. 다행히 그동안 사업이 잘돼 모아둔 돈이 있어 당장 손해는 보지만 빚이 생기는 건 아니었거든요. 따지고 보면 나만 힘든 것도 아니고 그때는 누구 할 거 없이 다 힘들었잖아요.

당시 제 나이가 30살이었는데 바닥에서 시작해 마켓비를 만들었어요. 500만 원으로 시작해 혼자 물건을 사서 배송하고 지게차도 직접 배워서 몰기도 하고요. 그동안 힘든 일이 없었던 것도 아니고, 힘든 일을 다 극복하며 여기까지 온 건데, 지금 힘든 것도 다 지나갈 거라고 생각했죠. 모아둔 돈을 다 잃어도 언제든 다시 벌면 된다고 생각해서 제품 판매를 중단하지 않았어요.

사업을 이어오면서 얻은

대표님만의 사업의 기술은 무엇인가요.

-

누군가는 사업을 위험한 선택이라고 하잖아요. 바다에서 파도를 타면 넘어지는 일이 많으니까요. 하지만 저는 위기라는 건 없다고 생각해요. 위기로 보면 위기지만 다르게 보면 기회거든요. 지금 이 문제를 해결하면 다시 같은 문제로 어려움을 겪지 않을 거고 그러면 회사는 그만큼 더 성장하는 거죠. 마치 파도를 읽으면 그만큼 더 파도를 즐길 수 있는 것처럼요.

2018년 들어 마켓비를 인수하고 싶다는 제안을 여러 번 받았어요. 그러면서 내가 왜 사업을 하는가에 대해 많은 생각을 했어요. 제가 지금 사업을 하는 이유는 처음 창업했을 때처럼 단지 많은 돈을 벌기 위해서만은 아니에요.

내가 하는 일 안에서 내가 존재하는 이유를 발견하고, 일을 하면서 끊임없이 설렘을 얻기 때문이에요. 이런 존재의 이유나 설렘을 잃는 것이 진짜 위기라고 생각해요. 위기는 내 안에 있지 외부의 많은 것들은 해결해야 할 문제에 지나지 않아요. 그러니 위기를 두려워하지 말고 당장 바다로 뛰어들면 수영장에서 느낄 수 없는 큰 즐거움을 얻을 수 있다는 게 제가 얻은 사업의 기술이에요.

08

"

플랫폼을 버리다
타임메카 성공을 만든 승부수

"

"제대 후 학교에 다니면서 싸이월드에서 '쇼타임'이라는 시계 커뮤니티를 운영했어요. 당시 회원이 3만 명이 넘으면서 국내 유명 시계 커뮤니티로 성장했죠. 커뮤니티를 운영할 때는 사실 돈 버는 것보다 커뮤니티 회원들과 어울리는 게 더 좋아서 매출을 늘리는 데는 크게 신경 쓰지 않았어요. 그러다 제대로 한 번 해보자는 생각에 휴학하고 사업을 시작했어요. 제대로 한다고 생각하니 사업의 기반이 싸이월드 커뮤니티라는 점이 너무 불안한 거예요. '싸이월드가 망하면 어떡하지?'라는 걱정이 들었죠. 그래서 어렵게 키운 커뮤니티를 포기하고 독자 쇼핑몰 타임메카를 만들고 여기에 집중했어요. 덕분에 사업 초기 많은 어려움을 겪었지만, 결과적으로 지금의 성공을 만들 수 있었다고 생각해요."

서대규
트랜드메카 대표

서대규

트랜드메카 대표

1986년생
트랜트메카 창업 2010년
창업 당시 만 24세

서대규 트랜드메카 대표는 대학생 시절 온라인 시계 커뮤니티를 운영하며 본격적인 시계 유통 사업과 인연을 맺었다. 이를 바탕으로 2011년, 휴학과 함께 만 24살의 나이로 본격 사업에 뛰어들었다.

트랜드메카가 운영 중인 '타임메카'는 국내 1위 온라인 시계 쇼핑몰로 2018년 12월 기준 전 세계 130여 개 시계 브랜드를 유통하고 있으며 주얼리와 잡화로 영역을 넓히고 있다. 트랜드메카는 2017년 매출 520억 원을 올렸고 기업가치는 1,000억 원 이상으로 평가된다.

시계 유통으로 사업을 시작했습니다.

시계 유통에 관심을 가진 계기가 궁금합니다.

-

제대 기념으로 평소 갖고 싶던 시계를 사려고 가격을 알아봤는데 너무 비싼 거예요. 그래서 싸게 살 방법이 없을까 이곳저곳 알아보다가 해외 온라인 쇼핑몰에서 같은 시계를 훨씬 싼값에 파는 걸 발견했어요. 이 쇼핑몰에서 샀어도 됐는데 그 돈도 당시 제게는 비싸서 더 싸게 살 수 있는 방법을 찾았어요. 그러다 우연히 해당 브랜드의 한국 총판 담당자와 연결이 됐고 이분을 통해 정말 저렴하게 시계를 살 수 있었어요. 제가 처음 알아본 가격이 70만 원, 해외 쇼핑몰 가격이 40만 원이었는데 최종 구매 가격은 25만 원이었어요.

이 얘기를 친구들에게 하니 너도나도 저한테 시계를 사달라고 하는 거예요. 그렇게 부탁하는 친구들, 선후배 거까지 사주다 보니 시계를 한 30개 정도 사게 됐어요. 이 중 몇 개는 중고거래로 팔았는데 구입가가 낮다 보니 중고로 팔아도 어느 정도 이익이 남았어요.

부모님이 한자리에서 30년 넘게 장사를 하신 덕에 어려서부터 도매, 소매 개념을 알았어요. 같은 물건도 많이 사면 싸게 살 수 있고 시계도 마찬가지잖아요. 본사를 통해 한두 개씩 사서 중고로 팔아도 이익이 남는데 대량으로 더 싸게 사면 더 많은 이익을 낼 수 있겠다는 판단에 사업으로 하면 좋겠다는 생각을 했어요.

싸이월드 커뮤니티는 왜 운영을 한 거죠.

-

처음에는 중고 카페에서 시계를 팔았어요. 그런데 관리가 너무 귀찮은 거예요. 모델 수대로 게시 글을 올려야 하고 댓글이 달리면 바로 바로 대응해야 하고. 시간이 지나면 글이 뒤로 밀리니 하루에도 몇 번씩 같은 글을 올려야 하고요. 또 중고 카페 다 보니 어떻게든 싸게 사려고 가격 협상을 하는 분이 많았어요. 이분들과 거래를 위해 문자도 계속 주고받아야 하고. 이런 방식이 너무 비효율적으로 느껴져서 중고 카페에서 시계를 파는 건 2달 만에 관뒀어요.

대신 '시계를 좋아하는 사람들이 모이는 인터넷 공간을 만들면 더 쉽게 더 많은 시계를 팔 수 있지 않을까'라는 생각이 들었어요. 그래서 싸이월드에 '쇼타임'이라는 시계 커뮤니티를 개설했어요. 싸이월드에 커뮤니티를 만든 이유는 간단했어요. 당시는 싸이월드가 가장 핫한 서비스였으니까요.

커뮤니티는 회원 유치가 쉽지 않은데

어떻게 회원을 모았나요.

-

그냥 열심히 무식하게 했어요. 커뮤니티를 알릴 수 있는 모든 곳에 홍보 글을 썼어요. 하루 평균 15시간을 쇼타임을 알리는 글을 쓰는데 투자했어요. 이렇게 지인을 포함해 회원 100명을 모았을 때 회원 모두에게 쪽지를 보내 정모를 제안했어요. '회원 100명 돌파 기념으로 내가 술을 사겠다. 만나서 놀자' 이런 쪽지를 보냈고 저를 포함해 9명이 신촌에서 모였어요.

그때 기억이 지금도 생생해요. 만 원에 안주 3개 나오는 술집에서 술을 샀고 술값이 13만 원 정도 나왔어요. 나온 회원 모두 당시 저보다 나이가 많았는데 나이 어린 커뮤니티 운영자가 정모도 기획하고 술도 사는 게 나름 인상적이었나 봐요. 이분들이 정모 후에 커뮤니티에서 정말 열성적으로 활동해 주셨어요. 덕분에 커뮤니티 콘텐츠도 풍부해지고 회원 증가 속도도 빨라졌어요.

싸이월드에서 쇼타임을 밀어준 것도 성장에 큰 도움이 됐어요. 싸이월드에는 우수 회원과 커뮤니티 중 매일 한 곳씩 골라 서비스 첫 화면에서 추천해주는 '투데이 멤버'라는 코너가 있었어요. 이 '투데이 멤버'에 쇼타임이 한 달에 한 번씩 소개되면서 회원 수가 빠르게 늘었어요. 당시 싸이월드 커뮤니티가 얼짱, 소개팅 위주라 다양한 취미와 관심사 중심의 커뮤니티 활성화가 필요했는데 쇼타임이 취지에 맞았던 거죠. 이런 행운이 겹쳐 커뮤니티 개설 6개월 만에 회원 수 1만 명을 모았고 제가 운영한 2년 동안 총 3만 2,000여 명의 회원을 유치할 수 있었어요.

커뮤니티는 회원의 꾸준하고 활발한 활동이 중요한데
시계는 사실 몇 년에 한 번 사는 물건이잖아요.
시계를 사면 한동안 커뮤니티에 올 이유가 없어지고.
회원을 많이 모아도 활성화는 쉽지 않았을 거 같은데
이 문제는 어떻게 풀었나요.

-

커뮤니티 활성화를 위해선 사용자가 매일 방문해야 할 이유를 만드는 게 중요해요. 쇼타임은 정모로 이 이유를 만들어 줬어요. 시계도 패션 아이템이고 패션에 신경을 쓰는 많은 이유 중 하나는 이성에게 좋은 인상을 주고 싶다는 마음이잖아요. 그래서 쇼타임은 새로운 사람, 새로운 이성을 만날 수 있는 오프라인 정모를 매주 열었어요. 커뮤니티에서 정모 신청을 받고 정모가 끝나면 후기를 올리고. 이 후기를 보고 더 많은 사람이 정모를 신청하고. 정모에서 친해진 사람들이 커뮤니티에서 더 많이 활동하고. 이런 선순환을 통해 커뮤니티를 활성화했어요.

커뮤니티를 운영하면서

매주 정모를 하려면 시간을 많이 뺏길 텐데

시계를 파는 본업은 어떻게 진행했나요.

-

시계는 공동구매 형식으로 판매했어요. 카페 회원들이 원하는 모델이 정해지면 브랜드 총판과 직거래하는 방식으로 싸게 시계를 사서 회원들에게 팔았어요. 이때는 거의 마진 없이 팔았고 자주 하지도 않았어요. 공동구매로 버는 돈은 커뮤니티 운영비로 다 썼고요.

이때만 해도 사실 제대로 사업을 한 건 아니었어요. 언제가 본격적으로 사업을 할 거고 커뮤니티가 토대가 될 테니 일단 잘 키우자, 뭐 이런 마음이었죠. 시계를 팔아서 돈을 버는 것보다 커뮤니티를 운영하면서 여러 사람을 만나는 게 더 좋았어요. 정모를 열심히 한 것도 이런 이유였어요. 당시에 저는 학교를 다니고 있었고, 사업에 대한 큰 고민 없이 커뮤니티를 키우는 재미에 빠져있었던 거 같아요.

재미가 아닌 제대로 사업을 하겠다고

결정한 계기는 무엇인가요.

-

3학년이 끝나가면서 이 나이 때 누구나 그렇듯 슬슬 진로 고민이 시작됐어요. 언젠가 사업을 할 생각으로 커뮤니티를 키운 게 너무 잘됐지만 그렇다고 실제 사업이란 결정이 쉽진 않더라고요. 취업이냐 사업이냐를 한참 고민했고 결국 휴학하고 딱 1년만 사업을 해보기로 했어요. 1년 하고 안되면 복학해서 졸업하고 취업하려는 생각이었죠. 그렇게 일단 1년을 생각하고 휴학했는데 다행히 트랜드메카가 잘되면서 아직까지 학교로 돌아가지 못하고 있어요.(웃음)

본격적인 사업을 시작하기로 마음먹은 후 애써 키운

커뮤니티 대신 별도 쇼핑몰 '타임메카'를 만들었습니다.

이유가 무엇이었나요.

-

이건 사실 감이기도 한데, 문득 '싸이월드가 망하면 어떡하지?'란 생각이 들었어요. 야후도 망하고 라이코스도 망했는데 싸이월드라고 영원할까, 뭐 이런 걱정이 들었죠. 이때쯤 조금씩 주변에서 싸이월드를 쓰는 친구들이 줄고 있었어요. 반대로 트위터와 페이스북은 조금씩 국내 사용자를 늘려가고 있었고요. 쇼타임이 당장 좋은 기반인 거는 맞는데 플랫폼에 종속되면 플랫폼과 운명을 함께해야 하는데 장기적으로 좋지 않다는 생각이 들었어요. 그래서 사업 시작과 함께 타임메카 사이트 개발에 들어갔어요.

또 다른 이유는 싸이월드 자체가 너무 좁은 시장이라고 느껴졌기 때문이에요. 쇼타임은 싸이월드에서만 검색이 되는데 이러면 잠재 고객이 싸이월드 사용자만으로 제한되잖아요. 싸이월드는 미니홈피 기반이라 검색 트래픽이 많은 것도 아니고요. 물건을 팔려면 많은 사람에게 보여야 하고 다양한 검색엔진에서 노출되려면 독자 사이트로 가야 한다고 생각했어요. 또, 커뮤니티는 기본적으로 상거래를 위한 곳이 아니잖아요. 커뮤니티 안에 결제 기능을 붙일 수도 없었고요.

이런 이유로 타임메카 사이트 개발 완료와 함께 쇼타임은 다른 운영진에게 넘기고 저는 타임메카를 키우는데 올인하게 됐어요. 쇼타임 회원 10%만 타임메카로 가져와도 시작치고는 나쁘지 않을 거란 생각도 있었고요.

쇼타임 회원 중 얼마나 타임메카로 옮겨 왔나요.

-

300명이요. 이 중 100명은 제 지인이었어요.(웃음) '쇼타임을 내가 만들었는데, 내가 다른 서비스 한다고 하면 회원들이 많이 오겠지'라고 생각했었는데 너무 순진했죠. 회원들이 쇼타임에 온 건 저 때문이 아니라 커뮤니티 활동이 즐거워서였는데 완전히 착각했었던 거예요. 이때 사용자가 냉정하다는 걸 실감했어요. 돈을 써서 물건을 사는 건 둘째치고 단순 회원가입도 이유가 없으면 하지 않는다는 걸 알았죠.

쇼타임에서 타임메카로 트래픽이
제대로 전이되지 않았습니다.
초기 상황은 어땠나요.

-

너무 어려웠어요. 매출이 거의 없었죠. '내가 왜 이 사업을 시작했나' 후회할 정도였어요. 첫 달 500만 원의 적자가 났고 적자가 3달간 연속됐어요. 개인 돈으로 시작한 터라 자본금이 크지 않았고 어느 순간 직원 월급을 못 줄 상황까지 내몰렸어요. 상황이 이렇게 되자 저를 믿고 같이 일하던 분들이 회사를 떠나겠다는 거예요.
사실 이때까지는 목숨 걸고 사업을 하지는 않았어요. 쇼타임이 잘되던 기억에 취해 타임메카도 적당히 잘되겠지, 뭐 이런 근거 없는 낙관에 빠져있어요. 자본금이 바닥을 보이고 같이 일하던 분들이 떠난다고 하자 정신이 번쩍 들었어요. 이때 처음으로 '악'이 생겼어요. 급하게 대출로 운영자금 1억 원을 만들고 직원들에게 '나를 믿고 6개월만 더 함께 해달라'라고 부탁했어요. 6개월 안에 반드시 반전을 만들어 내겠다고 약속했죠.

약속한 반전을 만들어 냈나요.
그랬다면 그 방법은 무엇이었나요.

-

당시 잘 나가던 온라인 시계 쇼핑몰 1위부터 10위까지를 정리해 각 업체의 장점을 3개씩 뽑았어요. 어떤 곳은 사진을 잘 찍고, 어떤 곳은 신상품이 가장 빨리 나오고, 어떤 곳은 고객 응대가 친절했죠. 이렇게 10개 업체의 장점을 3개씩 뽑으니 겹치는 거 빼고 20개가량이 나오더라고요. 그래서 이 20개 항목에서 무조건 1등이 되자는 목표를 세웠어요.

이중 초반에는 가격과 제품, A/S에 초점을 맞췄어요. 가격은 브랜드 해외 총판과 직거래를 맺는 방식으로 경쟁력을 갖췄어요. 가격은 비교적 쉽게 우위를 확보할 수 있었죠.

온라인 사이트다 보니 제품 이미지가 중요했어요. 사진을 예쁘게 잘 찍기 위해 다양한 노력을 했어요. 여러 포토그래퍼와 작업해보고 제가 직접 배워 사진을 찍기도 했고요.

정품 보장제로 제품 신뢰도도 높였어요. 사실 온라인에서 해외 직수입 제품을 사는 거라 가품에 대한 우려가 많았어요. 타임메카는 정품이 아닌 경우 100% 보상하는 정책으로 고객을 안심시켰어요. A/S의 경우 모든 고객의 문의를 30분 안에 대응했어요. A/S는 초반에 판매량이 적었으니 당연히 잘할 수밖에 없었고요.

개인적으로는 일을 최대한 효율적으로 하려고 노력했어요. 할 일은 많고 사람은 부족하니 일을 여러 번 하지 않고 한 번에 끝내는 게 중요했어요. 사진 촬영이나 개발은 외주를 주는 경우가 많았는데 최대한 정확하게 작업지시서를 작성해 전달했어요. 사진 촬영은 원하는 구도와 채도를 명시했고 사이트 개발은 배너의 크기와 위치, 색상까지 하나하나 다 제가 정해서 전달했어요. 이런 식으로 어떤 작업이든 중간에 여러 번 조율하는 절차를 없애려고 노력했어요.

이런 식으로 사업을 하니 직원들에게 약속한 6개월 즈음 손익분기점에 이르렀고 이후에는 본격적으로 성장하기 시작했어요. 그리고 1년이 됐을 때 목표로 한 20개 항목 중 10개에서 저희가 1등이 됐고 가격 경쟁력을 앞세운 프로모션으로 인지도가 생기면서 전체 시계 쇼핑몰 중 세 손가락 안에 들 정도가 됐어요.

1년 만에 빠르게 성장한 원동력이

가격 경쟁력인데 어느 정도 쌌던 건가요.

가격 경쟁력을 유지하는데 어려움은 없었나요.

-

초반에 타임메카를 알리기 위해 몇 개 모델은 마진 없이 최대한 싸게 팔았어요. 어느 정도였느냐면 가장 싼 제품은 오프라인 매장 가격의 30~40%에 불과했어요. 이 프로모션을 공개한 다음 날 국내 거의 모든 오프라인 매장에서 전화를 받았어요. 기존에 매장에서 시계를 산 고객들의 항의가 있었던 거 같아요.'내가 250만 원에 산 시계를 타임메카라는 곳에서 너무 큰 가격 차이로 팔고 있다. 이게 어떻게 된 거냐' 뭐 이런 내용이었죠. 이때부터 가격과 정품 여부에 관한 이슈로 한 3년 동안은 내용증명을 수도 없이 받았어요.(웃음)

한순간에 기존 업계의 공공의 적이 됐지만, 가격을 올릴 생각은 안 했어요. 저희는 오프라인 매장과 달리 임대료도 없고 24시간, 전국의 소비자를 상대로 물건을 팔 수 있잖아요. 물건을 많이 팔아 더 많은 소비자에게 만족을 주면 당장 마진은 없어도 타임메카가 더 빨리 성장할 수 있다고 생각했어요. 그래서 한동안 마진 최소화로 제품을 판매하는 전략을 유지했어요.

오프라인 업체는 이유가 있다고 치고 기존 온라인 업체는 왜 타임메카처럼 가격을 낮추지 않았나요.

-

기존 온라인 업체는 개별 브랜드의 한국 총판을 통해 제품을 받는데 이러면 한국 총판이 정한 범위 안에서 가격을 매겨야 해요. 저희는 한국 총판이 아닌 해외 본사와 직접 계약해 제품을 수입하니 가격을 크게 낮출 여지가 있었던 거죠. 사실 기존 업체 몇몇은 저희처럼 해외 본사와 계약해 가격을 낮출 역량이 있었어요. 하지만 기존 가격으로도 판매를 잘하고 있었으니 굳이 가격을 내릴 이유가 없었던 거죠.

거의 마진 없이 팔면서 제품 매입 비용은 어떻게 마련했나요. 기존 업체 반발은 어떻게 해결했나요.

-

개인적으로 지인들에게 빌리고 은행에서 법인 대출하면서 버텼어요. 26살 나이에 개인 빚만 4억 원이 넘었어요. 법인 대출은 10억 원 이상이었죠.

그래도 걱정 없었어요. 회사가 잘되고 있었고 당장 이윤은 크지 않지만 언제든 만들 수 있다고 생각했어요. 이때 정말 사업이 재미있었어요. 경연 대회 나가는데 다른 참가자가 뭘 할지 다 알고 있고 내 실력이 월등히 뛰어나다는 확신이 드는 기분이랄까. 그래서 경연장에 더 많은 사람이 와서 내가 얼마나 잘하는지 봤으면 좋겠다는, 그런 생각이 들었어요.

기존 업체의 반발은 한동안 계속됐지만, 시간이 지나면서 조금씩 잦아들기 시작했어요. 저희는 해외 거래처를 더 확장해 제품 수급에 아무런 문제가 없었고 저희 판매량이 크게 늘면서 저희와 함께 일하고 싶어 하는 브랜드는 점점 더 많아졌어요. 기존 업계 분들도 어느 순간 타임메카를 적이 아닌 제품 판매를 위한 파트너로 인정해주기 시작했어요. 그러면서 자연스럽게 관계도 풀렸고요.

커뮤니티를 떠나 독자 사이트에서 성공을 거뒀는데
커뮤니티 운영 경험은 어떤 도움이 됐나요.

-

직접적인 제품 판매에 도움이 된 건 아니에요. 커뮤니티 공동구매와 독립 사이트에서의 판매는 완전히 달랐으니까요. 커뮤니티 회원이 타임메카로 많이 유입되지도 않았고요. 하지만 커뮤니티를 운영하면서 많은 사람을 만난 경험이 큰 도움이 됐어요. 매주 새로운 사람을 만나 대화하고 관계를 만든 경험이 타임메카에서 고객과 커뮤니케이션하고 거래처와 인간적인 스킨십을 갖는데 큰 밑천이 됐어요. 해외 직거래를 통해 제품을 수급한 것도 커뮤니티 활동 덕분에 가능했어요. 쇼타임 회원 중 1%는 정말 시계를 좋아하는 덕후였어요. 모든 브랜드마다 시계 덕후가 있었는데 이 덕후들은 자기가 좋아하는 브랜드 시계를 세상에서 가장 싸게 사는 방법을 알고 있었어요. 이분들 덕분에 해외에서 제품을 싸게 구매할 수 있었죠. 회원 중에 몇 분은 대형 커머스 기업에 입사해 좋은 입점 기회를 주기도 했어요. 제 입장에선 쉽게 유통망을 뚫은 셈이죠.

싸이월드 커뮤니티는 어떻게 됐나요.

-

많은 분이 아는 사실이지만 싸이월드는 급격히 쇠락의 길을 걸었어요. 쇼타임도 제 우려대로 트래픽이 급감했죠. 제가 쇼타임 운영을 관두고 트랜드메카를 창업한지 2년 만에 커뮤니티 유입량이 이전의 10% 수준으로 떨어졌어요.

지금까지의 경험으로 얻은

대표님만의 사업의 기술은 무엇인가요.

-

싸이월드를 떠나 독립 사이트를 만든 건 어떻게 보면 '감'이었지만 그 감을 바탕으로 성과를 만든 건 절박함이 있었기 때문에 가능했다고 생각해요. 그리고 절박함은 아무것도 없을 때 발휘되는 것 같아요.

커뮤니티로 사업을 시작했다면 처음부터 돈을 벌었겠지만 결국 싸이월드 쇠락과 운명을 함께했을 거예요. 타임메카로 새로 시작한 덕분에 절박함이 생겼고 플랫폼에 영향받지 않는 독자 서비스를 만들 수 있었어요. 그래서 안주하지 않고 늘 절박함을 가지고 도전하는 게 중요해요. 차고 넘칠 만큼 성공하지 않으면 작은 성취에 안주하면 안 된다는 것이 제가 얻은 사업의 기술입니다.

CHAPTER

3

그들이 위기에 대처하는 방법

사업의 기술

09

“

포기는 없다
바닥에서 다시 도전을 함께하다

”

"토스를 시작하기 전, 쉽게 말하면 회사가 망했어요. 돈이 없어서 더는 버틸 수가 없었죠. 당시 통장에 남은 돈이 2만 원이었어요. 더 이상 팀원들에게 월급을 줄 수 없는 상황이었어요. 그때 회사를 접어야 하나, 말아야 하나 많은 고민을 했어요. 결과적으로 회사를 계속 유지하기로 하고 팀원들에게 제 결심을 말했어요. '당분간 월급은 못 주지만 계속 함께하고 싶다'라고. 다행히 팀원들 모두 당장 월급 없이 계속 같이 일하기로 했고 새로운 아이템으로 도전을 이어갔어요. 이 시간을 거쳐 간편 송금 시장이란 기회를 발견했고 지금의 토스가 탄생했어요."

이승건

비바리퍼블리카 대표

이승건

비바리퍼블리카 대표

1982년생
비바리퍼블리카 창업 2013년
창업 당시 만 31세

이승건 비바리퍼블리카 대표는 서울대 치대를 졸업한 치과 전공의 출신이다. '창업으로 사회적 문제를 해결하고 인류 발전에 기여한다'라는 신념 아래 여러 서비스를 시도했고 2015년 2월 토스를 출시하며 비바리퍼블리카를 국내 최고의 스타트업으로 성장시켰다. 토스는 2018년 12월 기준 누적 다운로드 2,100만 건, 누적 송금액 27조 원을 기록했다. 총 투자 유치액은 1,300억 원에 이른다.

토스 서비스 전, 그러니까 회사가 망했다고 표현한 당시는 어떤 상황이었는지 좀 더 자세히 말씀해주세요.

-

2011년 창업을 하고 초음파를 이용한 SNS '울라블라', 카카오톡 기반의 투표 서비스 '다보트'등을 개발했어요. 토스 이전 마지막까지 붙잡고 있던 서비스는 다보트였는데 사용자의 큰 관심을 얻지 못했어요. 설상가상으로 대기업에서 비슷한 서비스를 내면서 다보트를 접을 수밖에 없었어요. 이런 과정에서 자연히 회사도 어려움에 처했어요. 당시 제가 개인 대출로 팀원 월급을 주면서 회사를 끌고 가고 있었는데 빚이 2억 원 정도였어요. 다보트가 망할 때 즈음엔 대출받은 돈도 다 떨어져 더 이상 팀원 월급도 줄 수가 없었어요. 회사를 닫아야 할지, 다른 방법을 찾아야 할지 결단을 내려야 하는 상황이었어요.

당시 대표님께는 어떤 선택지가 있었나요.

-

한 가지는 회사를 닫고 저는 저대로, 팀원들은 팀원들대로 각자의 길을 가는 거였어요. 다른 하나는 회사 상황을 솔직히 얘기하고 계속 함께 가는 걸 제안하는 것이었죠. 한 마디로 '당분간 월급은 못 줘.

그래도 우리 한 번만 더 같이 해보자' 이렇게 얘기하는 거였어요. 많은 고민 끝에 두 번째 방안을 택했어요. 팀원들에게 솔직히 얘기했고 고맙게도 팀원 모두 월급 없이 함께 다시 도전하는 걸 받아줬어요. 그렇게 바닥에서 다시 한번 시작할 수 있었어요.

이미 여러 번 실패했고 월급도 제대로 안 나오는 상황에서
팀원들이 계속 함께 도전을 이어간 이유는 뭘까요.

-

우리 팀이 결국 해낼 거라는 믿음이 있었어요. 당시 팀원이 저까지 4명이었는데 각자 캐릭터가 다르고 가진 장점도 다 달랐어요. 저는 학습 능력이 빨랐고 다른 1명은 근성이 강해 어떤 상황에서도 포기하지 않고 팀에 에너지를 줬어요. 또 다른 분은 제품에 대한 감이 좋고 아닌 걸 아니라고 분명히 말하는 걸 주저하지 않았죠. 나머지 한 명은 개발을 정말 잘했어요. 서로의 성격이나 능력은 달랐지만, 이 다름이 합쳐서 시너지를 낸다는 걸 모두 알고 있었어요. 또 제품에 대한 관점이 늘 일치해 같은 방향으로 빠르게 나아가는 힘이 있었어요. 사실 4명이 인간적으로는 그렇게 친하지 않았어요. 개인적으로는 절대 친해질 수 없는 사람들이죠.(웃음) 그래도 함께 있으면 분명히 세상을 바꿀 수 있는 서비스를 낼 수 있다는 확신이 있었고 그래서 어려운 상황에서도 회사를 떠나지 않았던 거 같아요.

만약 팀원들이 대표님 제안을 거절하고 모두 떠났다면
대표님은 어떻게 하실 생각이었나요.

-

저는 혼자서라도 사업을 계속할 생각이었어요. 정말 마지막 방법으로 생각한 게 일단 여수나 당진 같은 지역으로 내려가 다시 전공의 생활을 하는 거였어요. 지방에서 일하면 상대적으로 많은 환자를 봐야 해서 몸은 상하겠지만 그래도 2억 원이나 되는 빚을 갚으려면 어쩔 수 없잖아요. 당시 계산으로 한 달 급여가 천만 원을 웃도는 수준이었어요. 한 1년 6개월 정도 일해서 빚을 다 갚고 6개월을 더 일해서 1억 원가량을 모아 다시 팀을 꾸릴 생각이었어요. 그래서 한동안 지방 치과 전문의 일자리를 알아봤어요.

팀원들과 계속 일을 하기로 한 뒤 어떤 시간을 보냈나요.
바로 토스란 아이디어가 나온 건가요.

-

일단 회사 운영비는 벌여야 해서 외주 개발을 1년 정도 했어요. 이때는 정말 닥치는 대로 외주 개발을 했어요. 외주로 버티면서 틈나는 대로 새로운 아이디어를 찾았어요.
'고스트 프로토콜'이라고 당시 유행하던 영화 제목이기도 한데 팀원들이 일정 기간 흩어져 각자 아이템을 발굴하고 모여서 이를 논의하는 방식으로 아이디어를 모았어요. 20~30대가 많은 홍대나 가로수길 카페에 앉아 사람들이 어떤 얘기를 하는지 어떤 불편함을 느끼는지 관찰했어요. 이렇게 2~3일 동안 아이템을 모으고 팀원들과 모여 아이템을 논의하고 이렇다 할 아이디어가 없으면 다시 흩어져 아이템을 찾고. 이런 방식으로 몇 달 동안 100여 개 아이디어를 모았고 그중의 하나가 토스였죠. 이 중에 토스보다 앞서 서비스를 내고 반응이 좋지 않아 폐기한 아이디어도 여럿 있었어요.

토스 전에 테스트해본 아이디어는 무엇인가요.

-

여러 가지가 있는데 몇 개만 말씀드리면 일단 백화점이나 대형마트 문화센터, 구청, 동사무소 등에서 열리는 문화강좌를 한곳에 모아볼 수 있는 서비스가 있었어요. 셀카봉이 유행하기 전에 혼자 멀리서도 쉽게 사진을 찍을 수 있는 서비스를 만들어 보기도 했고요. 또 기사나 블로그 글을 더 쉽게 공유하는 서비스도 개발해 테스트해봤어요.

테스트는 보통 1~2주 정도 진행했어요. 그 기간 안에 반응이 없는 서비스는 바로 접고 다음 아이디어를 테스트하는 방식이었어요. 저희 팀이 제품에 대한 감이 좋고 팀 내에 유효한 사용자 반응 정도를 판단하는 명확한 기준이 있었어요. 그래서 2주 내외의 기간이면 이 서비스를 계속할지 중단할지 판단하는데 충분한 시간이었어요.

토스 아이디어는 어떻게 얻었나요.

-

은행 송금 서비스가 너무 불편하다는 건 모두가 느끼는 문제였어요. 다만 아무도 그 해결책을 못 찾았던 거죠. 송금 문제를 풀기 위한 방법을 몇 달간 고민했어요. 머릿속에 이 생각만 가득했죠. 어느 날 거리에서 행인에게 스티커를 붙여 달라는 기부단체를 봤어요. 이 단체는 CMS 자동이체 방식으로 정기 후원인을 모으고 있었는데 그걸 본 순간 '이거다'했죠. CMS 자동이체로 송금 문제를 풀 수 있다는 해답을 찾은 거예요.

CMS 자동이체가 어떻게 간편 송금의 해법이 되는지
간단하게 설명해주세요.

-

쉽게 말하면 CMS 자동이체는 비금융기관이 금융기관을 거치지 않고 돈을 빼갈 수 있는 방법이었어요. 통신비나 아파트 관리비를 자동이체 해두면 통신사와 관리사무소에서 특정일에 해당 금액만큼의 돈을 빼가잖아요. 이 방식을 응용하면 금융기관 없이 송금할 수 있어요.

당시 관련 법에 저촉될 수 있는 위험이 있었지만 많은 사람이 불편함을 겪는 문제를 해결할 수 있다면 사회 편익 증대를 위해 규제 문제도 풀 수 있을 거라고 생각했어요.

토스도 똑같이 서비스를 내고
테스트하는 시간을 가졌을 텐데 지표가 어땠나요.

-

토스를 처음 대중에 공개한 게 2014년 2월이에요. 서비스 론칭 페이지를 만들고 별다른 홍보도 안 했는데 며칠 만에 몇만 명이 페이지를 방문했어요. 자세히 공개하기는 어렵지만, 재사용률과 테스트 기간 성장률이 이전에 다른 서비스들과는 비교도 안될 만큼 좋았어요. 이

때 드디어 가능성 있는 서비스를 찾았다고 판단했고 토스로 아이템을 확정했어요.

서비스 개시 후 상황은 어땠나요.
테스트 기간 보여준 성장률을 그대로 이어갔나요.

-

2014년 2월에 론칭을 한 후 두 달 동안은 정말 빠르게 성장했어요. 쉽게 말하면 '말도 안되는' 성장을 했죠. 하지만 두 달뿐이었어요. 2014년 4월 토스를 금융당국이 불법으로 판단했고 저희는 서비스를 중단해야 했어요. 토스가 셧다운 된 날은 마침 한 창업 지원 기관에 토스를 소개하러 가는 날이었어요. 발표하러 이동하는 길에서 서비스가 셧다운 됐다는 소식을 들었어요. 그때의 당혹스러움이란. 하지만 약속된 일정이라 취소할 수 없어 그대로 진행했어요. 당장 규제에 묶였다고 토스를 포기할 것도 아니었으니까요.

솔직히 이런 상황에 실망하지 않았다면 거짓말이에요. 계속 실패하다 이제 막 힘들게 굉장한 아이템을 찾았는데, 저주에 걸린 것도 아니고 왜 또 성공은 저 멀리 달아나는지. 당시 서비스를 론칭하고 엄청난 지표가 나오자 토스 성장성을 보고 팀에 새로 합류한 팀원도 있었어요. 이 분은 팀에 온 지 한 달 만에 서비스가 중단된 거예요. 원래는 유명 벤처캐피털(VC) 심사역으로 가는 게 확정된 상황에서 어렵게 토스 합류를 결정했는데 한 달 만에 서비스가 셧다운 된 거죠. 팀도 저도 힘들 수밖에 없는 상황이었어요.

이번에도 팀의 동요는 없었나요.
서비스 중단이란 위기를 어떻게 극복했나요.

-

힘든 상황이었지만 다들 별다른 내색을 하지 않았어요. 규제는 언젠가 풀릴 거고 서비스가 재개되면 다시 엄청난 성장을 할 거라는 믿음이 있었어요. 입사 후 한 달 만에 서비스 중단이란 상황을 맞은 팀원 역시 마찬가지였고요. 조금 이상하게 들릴 수도 있지만, 토스라는 아이템을 찾은 순간부터 저희 팀에 두려운 건 하나도 없었어요. 부족한 돈도 구할 수 있고 규제도 다 풀 수 있을 거란 자신감이 있었어요.
그리고 그 믿음대로 서비스가 중지된 상황에서도 투자 유치에 성공했어요. 셧다운 두 달 후인 2014년 6월 알토스벤처스에서 100만 달러(약 11억 3,000만 원)를 투자해줬어요. 투자를 받기 직전 통장에 200만 원밖에 안 남은 상황이었죠. 알토스벤처스는 이전에 페이팔 투자를 고민한 적이 있어 결제 산업에 대한 이해가 깊었어요. 저희가 두 달동안 서비스를 운영하면서 만든 지표를 보고 페이팔 같은 가능성을 본 거죠. 이 투자 유치로 당장 재정적 압박에서 벗어날 수 있었어요.

규제를 풀기 위해 언론과 정부에 간편 송금이 사회 편익과 산업 발전에 필요하다는 걸 꾸준히 알렸어요. 그러다 저희로서는 굉장히 행운인 사건이 발생했는데 이른바 '천송이 코트' 사건이에요. 드라마 '별에서 온 그대'가 중국에서 엄청난 히트를 기록하면서 주인공 천송이가 입은 코트, 가방 등을 사기 위해 대규모 중국 소비자가 국내 쇼핑몰에 유입됐어요. 하지만 복잡한 결제 시스템 때문에 구입이 쉽지 않았고 이 문제를 당시 대통령이 언급하면서 엄청난 이슈가 됐어요.

그러면서 간편 결제를 비롯한 금융 산업 전반에 혁신이 필요하다는 공감대가 형성됐고 당시 언론을 통해 꾸준히 이 문제를 제기해온 저희가 주목받았죠. 언론도 '핀테크'란 용어를 대중화시키며 규제 개혁이 필요함을 역설했고요. 사실 저희는 '핀테크'란 용어를 몰랐어요. 핀테크 서비스로 토스가 언급되며 알았죠.(웃음) 이렇게 언론과 정부가 규제 개혁 필요성에 공감하며 분위기가 바뀌었고 서비스 중지 1년 만에 금융당국이 '토스가 현행법을 위반하지 않는다'라는 유권 해석을 내리면서 서비스를 재개할 수 있었어요.

서비스를 재개한 후

셧다운 이전의 성장성을 바로 이어갔나요.

-

2015년 2월 서비스를 다시 오픈하고 한동안은 낮은 성장에 고전했어요. 그도 그럴 것이 셧다운 전에는 모든 시중은행을 대상으로 서비스를 했지만 셧다운이 풀린 이후에는 개별 은행 각각과 서비스 제휴를 해야 했거든요. 당시 시중은행 1곳과 지방은행 2곳만 제휴된 상태에서 서비스를 재개해 사용성이 크게 떨어졌어요. 서비스는 편하지만 쓸 수 있는 은행이 거의 없었죠. 2015년 한 해 동안 토스 누적 다운로드가 40만 건 정도였어요. 그해 연말 팀원들과 송년회를 했는데 기대했던 성과에 미치지 못해 아쉬움이 컸어요. '내년에는 더 열심히 하자' 이런 말을 많이 했었어요.

서비스 활성화를 위해 가장 필요한 건 제휴 은행을 많이 늘리는 거였어요. 개별 은행과 제휴를 맺기 위해 많은 노력을 했어요. 뻗치기라고 하죠, 은행 본점에 찾아가 무작정 실무 책임자를 기다린 적이 한두 번이 아니에요. 그렇게 제휴 은행이 하나씩 늘어나고 전체 은행 중 토스와 제휴된 은행이 60%가 넘어가는 상황에서 유효한 마케팅 기법을 찾았고 그때부터 사용자가 폭발적으로 늘기 시작했어요. 이때가 2016년 1월인데 한 달 만에 그동안의 누적 다운로드 수를 뛰어넘는 60만 다운로드가 나왔죠. 침울한 분위기에서 송년회를 하면서 서로 격려한 지 얼마 되지 않아 극적인 반전을 이룬 거죠. 그 이후로는 쭉 높은 성장을 이어오면서 지금의 토스가 됐어요.

치과 전공의란 보장된 길을 두고 많은 실패를 하면서도 창업을 포기하지 않은 이유는 뭔가요.

-

창업 전에 '나'에 대해 충분히 알 수 있었던 시간이 있었어요. 대학 입학 후 나름 다양한 위치에서 다양한 경험을 했어요. 그러면서 제가 어떤 가치를 추구하는 사람인지, 어떨 때 가장 큰 행복을 느끼는 사람인지 깨달았어요. 인류의 삶의 질 개선에 헌신하는 게 제가 살고 싶은 삶이란 걸 명확히 알고 창업을 했기 때문에 여러 번 실패해도 사업이란 길을 포기하지 않았던 거 같아요.

또 저는 반드시 성공할 거라는 자신감이 있었어요. 어차피 될 때까지 도전할 거라 문제는 성공하느냐 안 하느냐가 아니라 언제, 어떻게 성공하느냐였어요. 그러니 실패할 수가 없는 거죠.(웃음)

개인적으로 KFC 창업자 커넬 할랜드 샌더스를 좋아하는데 이분이 KFC를 창업한 나이가 68살이에요. 토스를 시작하기 전 가장 힘들었을 때 제 나이가 33살이었어요. 샌더스에 비하면 35살이나 어렸으니 35년을 더 실패해도 된다는 거잖아요. 그래서 당장 실패하는 것을 두려워하지도 실패해도 크게 좌절하지도 않았어요.

대표님이 힘든 순간을 겪으며 얻은

사업의 기술은 무엇인가요.

-

저는 성공을 위해 가장 중요한 게 끈기인 거 같아요. 핵심은 이 끈기를 유지하는 건데 그러기 위해서는 자기에 대한 진지한 통찰이 있어야 한다고 생각해요. 단순히 돈을 많이 벌고 싶다는 마음으로 창업하는 사람이 많아요. 이런 사람은 사업이 잘 안되면 1년 이상 버티지 못하더라고요. 당장 돈을 벌지 못하는 상황과 돈을 벌고 싶다는 신념이 부딪치면서 결국 신념이 꺾이기 때문이죠.

그동안 창업을 하면서 느낀 건 위대한 무언가를 발견하는 데는 최소 3년 이상의 시간이 걸린다는 거예요. 이 기간을 버티기 위해서는 단지 돈 때문이 아니라 자기 성찰을 통해 발견한 명확한 이유가 필요해요. 그래서 저는 창업하기 전에 자기에 대해 먼저 이해하고 하고 싶은 일을 분명하게 정의하는 게 중요하다고 생각합니다.

10

"
서비스 유료화 적용과
고객 반발,
그리고 위기 탈출
"

"폰테마샵은 출시 초기부터 제이(J)커브를 그리며 빠르게 성장했어요. 본격적인 수익화에 들어간 건 서비스 출시 1년 6개월이 지난 2012년 하반기였죠. 당시 일일 활성 이용자(DAU)가 100만 명이었는데 1명당 평균 하루 3~4개 테마를 다운로드했어요. 월 다운로드로 치면 9,000만 건인데 저희는 이 중 10%를 유료 전환으로 잡았어요. 하지만 너무 희망 섞인 낙관이었어요. 막상 서비스 유료화를 적용하자 사용자 반발이 너무 심해 계속 끌고 갈 수가 없었죠. 매출은커녕 회사가 정말 위험한 상황까지 내몰리는 위기를 겪었죠."

정명원

솜씨당컴퍼니 대표

6
4B

정명원

솜씨당컴퍼니 대표

1986년생
아이커넥트 창업 2010년
창업 당시 만 24세

정명원 솜씨당컴퍼니 대표는 2010년 아이커넥트를 창업해 2013년 말 네이버 자회사 '캠프모바일'에 회사를 매각했다. 아이커넥트의 '폰테마샵'은 스마트폰 꾸미기 대표 서비스로 정 대표는 도돌런처, 도돌폰 등의 서비스를 이끌며 누적 다운로드 7,000만 건을 이뤄냈다. 정 대표는 2018년 3월 아이커넥트를 떠나 지역기반 재능 플랫폼 '솜씨당'으로 연쇄 창업에 나섰다. 솜씨당은 2018년 11월 서비스를 오픈했다.

폰테마샵을 간단히 설명해주세요.

-

폰테마샵은 사용자가 개성 있게 자신의 스마트폰을 꾸밀 수 있는 테마와 스킨, 배경화면을 제공하는 서비스에요. 좋아하는 테마를 다운받아 카카오톡이나 페이스북 등에 적용하면 앱 아이콘과 서비스 화면이 해당 테마로 바뀌는 거죠. 스마트폰을 아기자기하게 자신만의 색깔로 꾸미고 싶은 여성에게 큰 인기를 끌었죠. 특히 10대 여성이 전체 사용자의 80% 이상일 정도로 비중이 높았어요.

폰테마샵 성장 비결이 궁금합니다.
어떻게 빠른 성장을 만들었나요.

-

사실 폰테마샵은 폰 꾸미기 서비스 후발 주자였어요. 빠른 성장은 서비스 생태계를 함께 만든 작가들과의 시너지 덕분이었어요. 당시 개별 블로그에서 활동하던 우수 작가를 섭외해 폰테마샵 제휴 배지를 부여하고 서비스에서 적극 소개했어요. 폰테마샵에 소개된 작가는 스타가 됐고 폰테마샵 제휴 배지는 우수 작가임을 증명하는 상징처럼 됐어요. 작가가 자기 블로그 메인에 배지를 걸고 폰테마샵에서 제휴 배지를 받았다는 사실을 자랑할 정도였어요. 폰테마샵이 발굴한 작가가 스타가 되고 스타가 된 작가가 다시 자신의 채널에서 폰테마샵을 알리는 선순환이 만들어졌죠. 이렇게 다수 작가와 제휴를 하면서 서비스 출시 3개월 만에 J 커브를 그릴 수 있었어요.

유료 전환 전에는 별도 수익모델이 없었나요.
유료 전환에 나선 이유는 무엇인가요.

-

앱 내 광고 노출 수익이 있었어요. 회사를 운영할 정도는 됐는데 트래픽에 따라 수익이 널뛰는 경향이 있어 매출 안정성이 낮았어요. 회사가 한 단계 더 도약하기 위해서 단순 광고 노출 외 제대로 된 수익모델을 만들어야 할 필요가 있었죠.

무엇보다 테마와 스킨을 제공해주는 작가에게 정당한 보상을 하며 생태계를 키우고 싶은 마음이 컸어요. 폰테마샵에서 제공하는 테마는 블로그 등에서 개별 활동하던 작가와의 제휴를 통해 무료로 받았어요. 폰테마샵에서 작가를 소개하고 작가 개인 채널로 트래픽은 몰아주면서 유명세를 만들어 주기도 했지만, 실질적인 경제적 보상은 하지 못했죠. 유료 판매로 매출이 생기면 테마를 제작한 작가와 나누려고 했어요. 지금이야 작가가 모바일에서 저작물을 팔고 보상을 받는 문화와 플랫폼이 여럿 있지만 당시는 전무했거든요. 폰테마샵으로 작가와 플랫폼이 상생하는 모델을 만들고 싶었어요.

유료 전환에 따른 사용자 반발이

예상보다 심했다고 했는데 어느 정도였나요.

또 유료화 이후 매출 성과는 어땠나요.

-

유료 전환을 하자마자 난리가 났어요. 전환 후 3일 만에 구글 플레이 스토어와 애플 앱스토어에 부정 리뷰가 500개 이상 달렸어요. '초심을 잃었다', '이제 배가 불렀다', '폰테마샵 말고 다른 어플 쓰겠다' 이런 식의 리뷰가 대부분이었죠. 100만이던 DAU도 일주일 만에 반 토막이 났어요. 트위터에서는 폰테마샵 불매운동을 하자는 움직임도 있었죠. 엄청난 항의 전화와 메일에 정상적인 업무가 힘들 정도였어요.

상황이 이러니 수익화가 성공할 리 만무했죠. 10%를 기대했던 유료 전환율은 3%에 그쳤어요. 20대 이상에선 전환율이 기대만큼 나왔는데 전체 사용자의 80%를 차지하는 10대에선 거의 없다시피 했죠. 유의미한 매출은커녕 서비스가 휘청하는 위기에 처했어요.

유료화 반발은 충분히 예상 가능했을 텐데,

반발을 낮추기 위한 노력은 하지 않았나요.

-

나름대로는 열심히 준비했어요. 유료화 전환 한 달 전부터 카운트다운을 하며 앱 내 전면 배너와 공지로 알렸죠. 유료화를 알리는 이벤트도 했고 사용자 간담회도 열어 피드백도 반영했어요. 사전에 충분히 사용자와 커뮤니케이션을 해 사용자 반발을 최소화할 수 있다고 생각했었죠.

사실 유료화라고 표현했지만, 유료 테마는 전체의 10%에 불과했어요. 여전히 무료 테마가 대다수였고, 유료 테마도 사용자가 직접 돈을 내지 않고 다운로드할 수 있는 방법을 마련했어요. 사용자가 폰테마샵과 제휴된 앱을 다운로드하면 보상으로 포인트를 지급하고 그 포인트로 유료 테마를 내려받을 수 있었어요. 사용자는 앱 다운로드로 유료 테마를 얻고 저희는 앱 다운로드가 일어난 수만큼 앱 다운로드 마케팅을 의뢰한 고객사에게 수익을 얻을 수 있으니 나름 영리한 유료화 전략이라고 생각했죠. 그래서 유료화를 해도 반발이 심하지 않을 거라고 판단했고 돈을 주고 테마를 구매하는 사람과 앱 다운로드로 테마를 얻는 사람을 합쳐 유료 전환율 10%를 기대했던 거죠.

사전 준비도 철저히 하고 유료 아이템을 무료로 받는 방법도 준비했는데 실패한 이유는 뭐라고 보세요.

-

지금 생각해보면 서비스 성장에 취해 과한 자신감을 부린 게 가장 큰 원인인 거 같아요. 사실 아직도 게임과 쇼핑 외에는 모바일에서 사용자에게 결제를 이끌어내는 게 정말 힘들어요. 더욱이 폰테마샵이 유료화에 나선 당시에는 이런 구매 유도를 하는 서비스가 거의 없다시피 했어요. 모바일로 디지털 재화를 구매한다는 새로운 사용자 경험을 만드는 게 엄청나게 큰일인데 폰테마샵이 쉽게 해낼 수 있다고 과신했어요.

무료로 유료 테마를 얻을 수 있는 방법도 있어 사용자 입장에서는 내 돈이 직접 나가는 것도 아닌데 대부분이 '유료화'라는 단어에서 벌써 거부감을 갖더라고요. 하지만 조금 더 사용자층을 들여다보니 저희의 실수가 보였어요. 앱 다운로드로 포인트를 얻어 유료 테마를 받는 방법은 주 사용자인 10대로서는 매우 불편한 방법이었어요. 앱 다운로드를 하려면 데이터가 많이 소모되는데 10대 대부분이 데이터가 적은 요금제를 쓰잖아요.

그래서 데이터를 많이 잡아먹는 앱 다운로드가 부담인 거예요. 앱을 받으려면 와이파이존으로 가야 하는데 당시는 지금처럼 곳곳에 와이파이존이 잘 돼 있지도 않았고요. 집에나 가야 마음 놓고 앱 다운로드를 할 수 있는데 마음에 드는 테마를 바로 얻을 수 없으니 불만이 생길 수밖에 없었던 거죠. 보통 한 번에 3~4개 테마를 내려받는데 1개 받을 때마다 필요 없는 앱을 깔아야 하니 짜증도 나고요. 이런 불편함을 겪지 않아도 되는 비슷한 서비스가 있는데 굳이 폰테마샵을 쓸 이유가 없었던 거죠. 결국, 사용자 분석이 부족한 상황에서 트래픽만 믿고 섣부른 유료화를 진행했으니 실패할 수밖에 없었다고 생각해요.

사용자 반발을 겪은 후 어떻게 사태를 해결했나요.

-

가장 먼저 한 일은 실패를 빨리 인정한 거였어요. 사용자 반발이 진정되기를 기다리는 게 아니라 적극적으로 움직였죠. 유료화 도입 일주일 만에 새로운 정책을 발표했어요. 우선 유료 콘텐츠 비중을 기존 10%에서 5%로 대폭 낮췄어요. 가장 크게 바꾼 건 제휴 앱 다운로드 시 제공하던 리워드를 포인트가 아닌 일주일 이용권으로 바꾼 거였어요. 폰테마샵에서 제휴 앱 1개를 다운로드하면 일주일 동안 유료 테마를 마음껏 내려받을 수 있게 했죠. 일종의 '일주일 자유이용권' 개념이었어요. 명칭도 'VIP 테마'로 바꿔 최대한 유료라는 이미지를 희석했어요.

새로운 정책 도입은 성공했나요.

사용자 반응과 의도했던 매출 성과가 궁금합니다.

-

일단 사용자 이탈이 진정됐어요. 1차 유료화 때보다 무료로 더 많은 테마를 이용할 수 있고 유료 테마는 앱 다운로드 1번으로 일주일 동안 제한 없이 내려받을 수 있다는 점이 충분히 어필했어요. 처음 정책이 돈 벌기 위해 대놓고 결제와 앱 다운로드를 유도하는 걸로 오해를 받았다면 '일주일 자유이용권'은 충분히 합리적으로 인식됐어요. '조금 귀찮지만 좀 더 좋은 테마를 갖기 위해 이 정도의 수고는 감수할 수 있다'라는 거였죠.

사용자 반발이 잦아들고 서비스가 다시 안정화되면서 매출 목표는 초과 달성했어요. VIP 테마 이용을 위해 제휴 앱을 다운받는 사용자 수가 전체의 40%에 달했어요. 처음에는 유료화에 덜 민감한 소수 사용자가 여러 번 결제하거나 앱을 다운로드하는 걸 가정했는데 정책을 바꾼 후에는 일주일에 1번씩 다수가 앱 다운로드를 하면서 전체 모수가 비약적으로 커진 거죠.

폰테마샵을 통한 앱 다운로드 건수가 일주일에 최대 20만 건이 나오면서 마케팅 플랫폼으로서의 위상도 높아졌어요. 덕분에 매출도 안정적으로 나오면서 테마를 제공해준 작가에게 더 큰 보상을 할 수 있게 됐죠. 또 더 좋은 콘텐츠 확보를 위해 내부에 팀을 꾸려 직접 테마를 생산, 제공하면서 더 넓고 탄탄한 사용자층을 얻게 됐어요.

위기의 순간을 겪으면서 얻은 사업의 기술은 무엇인가요.

-

현실과 이상은 다르다는 거예요. 처음 서비스 유료화를 할 때는 회사도 돈을 벌고 작가도 보상받고 사용자도 즐거운, 모두가 윈윈하는 상황을 기대했지만, 현실은 정반대였어요. 사업이 잘될수록 더 지독하게 사용자에 집중해야 했는데 빠른 성장에 취해 사용자를 너무 단편적으로 바라봤어요. 이후에는 수익화를 고민할 때 비즈니스모델이 주사용자 성향과 환경에 맞는지 치열하게 고민하고 또 확인해요. 주사용자와 수익화 방법이 맞지 않아 한순간에 서비스가 흔들리는 아찔한 순간을 다시 또 겪고 싶지 않거든요.

11

“

만족하는 순간이 위기
위기 신호를 감지하는 법

”

"전자책 회사를 다니던 동료들과 하고 싶은 일을 하기 위해 함께 퇴사하고 사업을 시작했어요. 1년가량을 3D 전자책 개발에 투자해 제품을 내놨는데 기대보다 너무 성과가 좋지 않았어요. 당장 회사를 유지하고 집에 월급을 가져가기 위해 외주 개발에 올인해야 했어요. 다행히 외주 물량이 끊이지 않고 들어왔고 회사는 재정적으로 안정됐어요. 이대로 몇 년 더 외주 개발 일을 하려고 했는데 함께 하는 동료가 '남의 일 말고 우리 일을 하자'라는 거예요. 많은 고민 후에 외주 일을 모두 끊고 저희 서비스를 개발하기로 했어요. 그렇게 익명 SNS '모씨'로 우리 서비스를 시작했고 모씨는 2018년 12월까지 500만 건이 넘는 다운로드를 기록했어요."

김봉기
엔라이즈 대표

김봉기

엔라이즈 대표

1980년생
엔라이즈 창업 2011년
창업 당시 만 31세

김봉기 엔라이즈 대표는 2011년 3D 전자책 개발을 목표로 사업을 시작했다. 하지만 첫 제품이 별다른 반응을 얻지 못하자 회사를 유지하기 위해 한동안 외주 개발에 집중해야 했다. 외주 개발을 끊고 심기일전해 2014년 11월 출시한 모씨는 익명 SNS라는 새로운 영역을 개척하며 현재 누적 다운로드 500만 건을 넘어섰다. 엔라이즈는 모씨 출시 후 총 35억 원의 투자를 유치했다.

창업 아이템이었던 전자책에 대해 설명해주세요.

-

게임 기술을 적용한 3D 전자책이었어요. 스토리는 신데렐라를 각색했죠. 저희가 창업한 2011년은 전자책 시장이 본격 대중화되던 시기였고 전자책 회사를 다니던 동료들과 '시장에 새로운 기술과 가능성을 보여주자'라는 원대한 포부를 가지고 3D 전자책 개발에 뛰어들었어요. '유니티'라는 게임엔진을 이용해 콘텐츠를 입체적으로 전달하면 시장 반응이 있을 거라는 판단으로 1년 정도 개발에 몰두했어요. 2012년 1월 오랜 개발을 끝내고 시장에 제품을 내놨는데 기대와 달리 반응이 정말 없었어요. 회사에 직원이 저까지 4명인데 한 달 매출이 150만 원 남짓이었어요. 출시 전에는 하루 매출로 기대하던 돈이었죠. 큰 실패를 맛보고 전자책 개발이란 당초 창업 목표 대신 외주 개발에 전념해야 했어요.

다음 전자책을 개발하지 않고
외주 개발로 방향을 수정한 이유는 뭔가요.

-

현실적인 이유가 가장 컸어요. 저를 포함한 팀원 모두 유부남이라 돈을 못 벌면 안되는 상황이었어요. 당장 먹고사는 문제가 급했던 거죠.
저희가 하고 싶었던 게임을 접목한 3D 전자책이 시장 상황과 맞지 않다고도 판단했어요. 저희는 게임과 책을 접점으로 상품을 개발했는데 시장에서는 저희 제품을 게임도 아니고 책도 아닌 애매한 것으로 받아들였죠. 당시 3D 전자책 콘텐츠는 게임성보다는 시각적으로 화려한 게 중요했는데 시각적 화려함은 저희의 주특기가 아니었거든요. 이런 상황에서 다시 개발에 들어가면 또 1년이란 시간이 걸리는데 이 시간을 들이고도 성공할 거란 자신이 없었어요. 그래서 첫 3D 전자책을 출시하고 석 달 만에 외주 개발로 노선을 수정했어요.

외주로 어떤 앱들을 만들었나요.
외주 영업은 잘됐나요.

-

사실 창업하고 1년간 3D 전자책을 만들면서 외주 개발도 조금씩 했었어요. 전자책 회사 출신들이 창업한 덕에 인연이 있던 출판사에서 투자를 받을 수 있었고 투자자가 연결해준 외주 개발 프로젝트를 꾸준히 수행하고 있었죠.
저희가 본격적으로 외주 개발에 뛰어든 2012년만 해도 대기업 외주 개발 물량이 많았어요. 덕분에 대형 인터넷 서점과 국내 굴지의 전자

회사 등에서 다수의 앱 개발 외주를 따올 수 있었어요. 이렇게 수행한 프로젝트들이 좋은 평가를 얻으면서 어느 순간 알아서 외주 개발 의뢰가 들어오는 상황이 됐죠.

외주 개발을 하고 회사의 경제적 상황은 어떻게 달라졌나요.

-

외주를 시작하면서 바로 먹고사는 걱정은 덜었어요. 월 매출이 6,000만 원 정도 나왔는데 단순 인건비 외에는 별도 비용이 없어 영업이익률이 50% 가까이 됐죠. 이 정도면 4명이 필요한 월급을 가져가고 충분히 회사를 굴릴 수 있는 돈이었어요. 외주 개발을 하면서 회사는 금방 재정적으로 안정됐고 곧 여유가 생겼어요. 해외 워크숍도 가고 직원도 충원할 정도였죠. 2012년 4월부터 본격적으로 외주 개발을 시작했는데 그해 말 매출이 4억 원 정도가 됐어요. 직원도 6명으로 늘었고요.

경제적으로 여유가 생기면서 일에 대한 만족감도 커졌나요.

-

당장 외주 개발로 먹고사니까 돈 걱정은 없는데 기분은 좀 씁쓸하달까, 크게 신이 나거나 즐겁지는 않았어요. 3D 전자책을 개발할 때처럼 으쌰 으쌰하는 분위기도 아니고 팀에 에너지도 늘 부족했죠. 저는 개인적으로 악에 받친 느낌이었어요. 언제 어떤 일이 있어도 반드시 먹고살아야 한다는 압박이 컸죠. 하루에 담배 2갑씩 피우며 버텼어요.(웃음)

사실 외주 개발이란 게 엄청난 스트레스를 받는 일이에요. 고객사가 정해준 일정에 맞춰야 하는데 이 일정을 지키지 못하면 큰일이 나죠. 그런데 한창 개발 중에 고객사가 기획을 바꾸는 경우가 비일비재해요. 기획을 바꾸면 일정도 그만큼 늘어나야 하는데 일정은 그대로죠. 모든 개발을 내부에서 다 할 수 없어 저희도 개발 일부를 외주 주는데 이 외주사 관리도 쉽지 않고요. 처음엔 이들과 커뮤니케이션을 하는 거 자체가 어려웠어요.

하지만 외주를 1년 정도 하니 고객사, 외주사와의 커뮤니케이션도 익숙해지더라고요. 속 썩이던 일정 문제도 어떤 상황에서도 관리가 되고, 그러다 보니 창업하고 처음으로 반년 후가 예측되고, 이에 맞게 계획도 세울 수 있더라고요.

외주 일이 장점도 있어요. 일단 앱을 개발하면 끝이잖아요. 이후에 마케팅 걱정은 할 필요가 없죠. 3D 전자책 실패는 마케팅 역량이 부족했던 것도 큰 이유였어요. 저희 앱을 개발했다면 개발 후 마케팅을 어떻게 할까 고민이 많았을 텐데 외주인 덕에 마케팅은 걱정할 필요가 없었죠. 마케팅을 안 하니 비용도 인건비 외에는 나갈 곳이 없고요. 이런 상황에 되니까 본래 하려던 일을 하지 않아도 저는 솔직히 만족했던 거 같아요.

외주 개발로 회사가 안정됐는데
구성원의 불만은 왜 터져 나온 건가요.

-

외주 개발을 끝내고 팀원들과 점심을 먹으면서 우연히 1년 후 회사가 어떤 모습일지에 대해 얘기를 하게 됐어요. 1년 후에도 외주 일을 하면 회사가 얼마나 돈을 벌 수 있고, 월급을 어느 정도 가져갈 수 있을 거다, 이런 얘기를 하는데 공동창업자인 최고기술책임자(CTO)가 이런 말을 하는 거예요. “외주 일해서 돈 많이 버는 거 하나도 안 행복해. 우리 일은 도대체 언제 할 거야? 우리가 남의 일하자고 창업한 건 아니잖아?”
CTO 말에 충격을 받았어요. 회사가 돈을 벌면서 급여 수준도 높아졌고 제가 만족했던 만큼 동료 모두 만족할 줄 알았거든요. 하지만 아니었어요. 특히 CTO의 문제의식이 컸어요. CTO는 공동창업자고 회사의 중요한 일을 맡고 있는데 이 사람이 불행한 건 큰 문제라고 생각했어요.

CTO의 말을 듣고 어떤 결정을 내렸나요.

-

CTO의 고민을 듣고 일주일 동안 지인들을 만나 고민 상담을 했어요. 대부분 외주 개발을 계속하면서 새로운 아이템을 시도해보라는 조언을 해줬어요.

3가지 안을 가지고 고민을 했는데 첫 번째는 원래대로 외주 개발에 좀 더 집중하는 것이었어요. 두 번째는 외주 개발을 다 중단하고 새로운 아이템을 찾아 올인하는 것, 세 번째는 조언대로 외주 일을 계속하면서 새로운 아이템을 찾는 것이었죠.

고민 끝에 저는 두 번째 안을 선택했어요. 외주 개발은 당장 영업이 잘되지만 언제든 영업이 어려워지면 회사가 또 위기에 빠질 거라는 두려움이 있었죠. CTO 말대로 언제까지 재미없는 일을 할 수도 없다고 생각했어요. 조금은 두려웠지만, 다시 창업하는 마음으로 정말 우리 일을 하기로 결심했어요.

새로운 결심을 팀에 공유했을 때 반응은 어땠나요.

-

제 결심을 조금은 강하게 어필했어요. '외주를 끊고 우리 일을 하겠다. 외주를 안 하면 당장 급여가 줄 수밖에 없고 주말에도 일해야 할 수도 있다. 각오가 된 사람은 계속 같이 가자'라고 말했죠. 대부분 대표인 저의 의견에 따라줬지만 1명은 갑작스러운 변화에 결국 회사를 떠났어요. 그렇게 외주 개발을 중단하고 새로운 아이템 발굴에 나섰죠.

외주를 중단한 후 실제 급여가 많이 줄었나요.
아이템은 어떻게 찾았나요.

-

급여가 줄 거라고 말은 했지만, 실제 줄이지는 않았어요. 외주 개발을 다 정리하니 회사에 쌓인 돈으로 당분간 월급을 주는 데는 무리가 없었어요. 팀원들 모두 유부남인데 경제적으로 어려워지면 일에 집중할 수 없잖아요. 급여는 대표인 제가 책임져야 할 문제기도 하고요.

새로운 아이템은 2주 만에 찾았어요. 익명을 전제로 솔직하게 자신의 마음을 말하는 공간을 만드는 것이었죠. 페이스북이나 인스타그램 같은 SNS는 기본적으로 공개형 서비스이고 몇몇 대형 커뮤니티는 모바일 최적화가 부족해 기회가 있다고 판단했어요. 마침 미국에서 '위스퍼'란 비슷한 콘셉트의 서비스가 인기를 끌고 있었고요. 그래서 누구나 솔직하게 자기 얘기를 털어놓는 '모바일 대나무숲'을 만들자는 콘셉트로 익명 SNS '모씨' 개발에 들어갔어요.

3D 전자책에 이어 두 번째 아이템 개발을 시작한 건데,
첫 번째와는 어떤 점이 달랐나요.

-

3D 전자책은 개발만 하면 다 잘될 거라는 막연한 기대감 때문에 구체적인 목표가 없었어요. 모씨는 우선 3개월 안에 개발 완료를 목표로 했어요. 빠르게 결과물은 내놓고 빠르게 시장 반응을 확인하려고 했죠. 그래서 핵심 기능만 남기고 부가적인 기능은 다 개발에서 뺐어요. 서비스 론칭 후에는 6개월 안에 다운로드 100만 건을 목표로 잡았어요. 만약 100만 다운로드를 달성하지 못하면 모씨를 접고 다른 아이템을 시도하기로 했어요. 그렇게 계획대로 3개월 만에 개발을 마치고 모씨를 세상에 내놨어요.

외주가 아닌 자체 서비스를 만드는 일을 하면서
회사 분위기는 어떻게 달라졌나요.
모씨는 6개월 안에 100만 다운로드라는 목표를 달성했나요.

-

외주를 끊고 자체 서비스를 개발하는 동안에는 긴장도 많이 하고, 개발 막바지에는 비장함마저 흘렀어요. 저 역시 불안함이 없지 않았고요.(웃음) 그래도 우리 일을 한다는 생각에 파이팅도 있고 재미도 있었어요.

모씨는 2014년 11월 정식 출시됐는데 주로 페이스북을 기반으로 마케팅을 진행했어요. 어디서도 하지 못한 말을 익명 SNS인 모씨에서 하는 사용자가 많았고 이런 콘텐츠를 페이스북에 노출하면서 사용자를 모았어요. 몇몇 콘텐츠가 엄청난 반응을 이끌어 냈고 알아서 바이럴이 되면서 빠르게 사용자가 늘었어요. 2015년 5월에는 콘텐츠가 대박 나면서 하루에만 다운로드 15만 건이 발생했고, 앱스토어 인기 앱 1위를 찍기도 했어요. 덕분에 출시 후 6개월 안에 100만 다운로드 돌파라는 당초 목표를 달성할 수 있었어요.

외주를 끊고 모씨를 서비스한 후
회사의 경제적 상황이 궁금합니다.

-

서비스 사용자가 갑자기 늘면서 개발비와 서버비가 크게 늘었어요. 외주로 모아둔 돈이 얼마 남지 않은 상황에서 다행히 총 35억 원의 투자 유치에 성공했어요.

투자를 받으면서 당장 먹고살 걱정 없이 서비스를 키우는 데 집중할 수 있게 됐지만, 돈에 대한 두려움은 계속 있었어요. 모씨에 이렇다 할 수익모델이 없는 상황에서 비용 지출만 있었으니까요. 한동안 사용자 확대에 집중한 후 2016년 중반 이후 조금씩 모씨에 수익모델을 적용하며 돈을 버는 서비스로 업그레이드했어요. 현재는 자금에 대한 문제를 거의 해결한 상태에요.

외주를 끊고 자체 서비스를 한 것을 잘했다고 느낀 순간이 있나요. 반대로 계속 외주 개발을 했다면 엔라이즈는 지금 어떻게 됐을까요.

-

모씨를 서비스하고 처음에는 자금 때문에 어려웠지만, 투자를 받고 자체 수익모델을 만들면서 문제를 풀었어요. 모씨는 현재까지 다운로드 500만 건을 넘으면서 많은 사용자에게 사랑받는 서비스가 됐고요. 외주를 그만두길 잘했다고 생각하는 순간은 회사가 성장했다는 걸 느낄 때에요. 성장이 무엇인지에 대한 이견이 있을 수 있지만, 저희 스스로 미래를 만들어 갈 수 있게 된 건 분명하거든요. 설레는 미래를 얘기할 때마다 그때의 선택이 참 다행이라고 느껴요.

모씨를 개발하지 않고 외주를 계속했다면 아마 회사는 망했을 거예요. 그 사이에 시장이 크게 변했거든요. 이제 외주로 앱을 만드는 곳이 거의 없어요. 웬만한 앱은 이미 다 시장에 나와 있어 신규 앱을 개발하는 곳이 많지 않죠. 실제로 앱 개발 외주사가 많이 사라졌어요. 저희가 외주를 하며 지금까지 버텼어도 비전 없는 시장에서 아무런 미래도 그리지 못했을 거예요. 이제 와서 새로운 서비스를 시작해도 현재의 모씨처럼 성공하기도 힘들 거 같고요. 이래저래 회사를 유지하기 힘들었을 거 같아요.

대표님 경험을 통해 얻은

사업의 기술을 말씀해주세요.

-

많은 분들이 얘기하지만, 안정적이라고 느낄 때가 사실은 위기라는 거예요. 외주 개발이 자리를 잡으면서 저는 내심 만족하고 있었는데 팀 분위기는 그게 아니었죠. 그때 팀에서 위험 신호를 주지 않았으면 지금의 엔라이즈는 없을 거예요. 당시 경험을 바탕으로 모씨는 투자받은 금액이 절반 이상 남은 상황에서 수익화에 속도를 냈고 어느 정도 성과를 거두면서 현재는 더 좋은 상황에 진입했어요. 그래서 상황이 좋을수록 내부 의견에 귀 기울이고 위기라는 마음으로 계획을 실행하는 게 중요하다는 것이 제가 얻은 사업의 기술입니다.

12

"
이길 수 없는 경쟁을 피해야 하는 이유
"

"캔디카메라는 출시와 함께 엄청난 성장을 거듭했어요. 카메라 앱 분야에서 글로벌 1위였고 이런 성장이 계속될 것처럼 보였어요. 그러다 대기업이 시장에 진출하면서 위기가 찾아왔어요. 개인 개발자나 소규모 스타트업이 경쟁하던 곳에 거인이 등장한 거죠. 아이디어와 기술력, 마케팅까지 기존 경쟁자와는 차원이 달랐어요. 대기업 서비스가 트렌드를 주도하면 1등이었던 저희가 어느새 후발주자가 돼 버렸어요. 경쟁이란 이름으로 2년 동안 대기업 뒤를 쫓으며 많은 시행착오를 겪어야 했어요. 그러다 '이대로는 안되겠다'라고 느꼈고 생존을 위해 다른 선택을 해야만 했어요."

안세윤

JP브라더스 대표

안세윤

JP브라더스 대표

1985년생
2015년 JP브라더스 합류

박상철

JP브라더스 CTO

1986년생
2012년 JP브라더스 창업
창업 당시 만 26세

서지호

JP브라더스 CSO

1986년생
2012년 JP브라더스 창업
창업 당시 만 26세

안세윤 JP브라더스 대표는 대학 졸업 후 삼성전자에서 경험을 쌓다 2015년 5월 JP브라더스에 합류했다. 서지호 최고서비스책임자(CSO)와 박상철 최고기술책임자(CTO)는 2012년 6월 JP브라더스를 창업한 원년 멤버로 현재는 각각 신규 서비스 기획과 기술 개발 부문을 이끌고 있다. JP브라더스는 '셀카가 반대로 찍힐 때', '조용한 카메라', '캔디카메라' 등 카메라 앱을 전문 제작해온 스타트업이다. 대표작인 캔디카메라는 2013년 11월 출시 후 2018년 12월까지 누적 다운로드 2억 3,700만 건을 돌파하며 글로벌 메가 히트를 기록했다.

캔디카메라의 누적 다운로드 수가 놀랍습니다.

캔디카메라의 인기 비결과 주요 성과에 대해 말씀해주세요.

-

안세윤 대표

캔디카메라는 출시와 함께 국내뿐 아니라 브라질과 터키, 멕시코 등에서 인기를 끌며 전 세계 234개국에서 사용자를 확보했어요. 쉬운 사용 환경과 독특하고 다양한 필터 효과, 그리고 보정과 편집 기능을 이용해 개성 있는 사진을 만들 수 있다는 점이 인기 비결이었죠. 2015년 11월 누적 다운로드 1억 건을 돌파했고 그해 구글이 선정한 베스트 앱에 뽑혔어요. 같은 해, 한국 개발사 중 유일하게 페이스북과 협업해 페이스북 메신저 플랫폼과 연동한 '노아카메라'를 출시하기도 했죠. 캔디카메라의 필터가 삼성전자 스마트폰 기본 카메라 앱에 내장되기도 했어요. 사용자는 꾸준히 늘어 2017년 8월 누적 다운로드 2억 건을 넘어섰어요. 그 사이 많은 기업에게 높은 밸류에이션으로 인수 제안을 받기도 했죠.

인수 제안을 한 곳과 기업 가치는 어느 정도였나요.

회사를 매각하지 않은 이유는 뭔가요.

-

안세윤 대표

정확한 기업명은 밝힐 수 없어요.(웃음) 국내 유수 IT 기업 여러 곳에서 제안이 있었어요. 중국 기업들이 더 적극적이었는데 기업 가치는 수백억 원 수준에서 논의가 진행됐어요. 한 기업과는 매각 직전까지 갔었는데 최종 단계에서 결렬되기도 했었죠.

캔디카메라가 워낙 잘되고 있어서 매각에 목을 매지는 않았어요. '우리는 우리의 길을 가겠다'라는 생각이었죠. 더 좋은 기회가 얼마든지 더 올 거라고 믿었어요. 당시 내부적으로 인스타그램 같은 카메라 앱 기반 SNS를 만들자는 계획도 있었고요.

잘 나가던 캔디카메라에 언제, 어떻게 위기가 찾아왔나요.

위기의 순간을 자세히 말씀해주세요.

-

서지호 CSO

2014년 말, 대기업이 만든 카메라 앱이 나왔어요. 동영상 콜라주가 핵심이었는데 기존 카메라 앱에는 없는 기능이었죠. 대기업이니 개발력은 당연히 좋다고 쳐도 아이디어까지 너무 좋은 거예요. 앱 출시와 함께 엄청난 마케팅 자금도 투입했고요. 앱도 신선하고 마케팅도 크게 하니 출시하자마자 바로 다운로드 1위에 올랐어요.
안드로이드는 특성상 정말 많은 스마트폰 제조사와 기종이 있어요. 어떤 환경에서도 앱이 안정적으로 실행되는 게 기술력인데 이런 역량을 갖추는 데는 긴 시간과 돈이 필요해요. 당연히 개인이나 작은 스타트업이 금방 경쟁력을 갖기 어려운 일이죠. 저희는 캔디카메라 이전부터 카메라 앱을 만들어 왔고 오랜 시간 쌓은 경험과 기술력으로 나름의 진입 장벽을 구축했다고 생각했어요. 하지만 거대 조직과 풍부한 자금력을 가진 대기업이 들어오니 이 장벽이 정말 한순간에 무너질 수 있다는 위기감이 들었어요. 앱 성능이나 신선함보다 대기업이 카메라 앱 시장에 진출했다는 그 자체를 가장 심각하게 받아들였어요.

대기업 앱 출시와 동시에 캔디카메라 지표가 추락한 건가요.

-

서지호 CSO

그렇지는 않아요. 당장 신규 앱이 인기를 끈다고 해도 누적 다운로드 수는 큰 차이가 있었으니까요. 하지만 캔디카메라의 성장세가 둔

화된 것은 맞아요. 이전까지 파죽지세였다면 대기업 앱 출시 이후에는 성장 폭이 완만해졌죠. 그러던 어느 날 우연히 카페 옆자리에 앉은 여자분들이 대기업 앱으로 사진을 찍는 걸 봤어요. 시간이 지날수록 이런 모습이 더 자주 보였죠. 이전에는 어디서나 캔디카메라를 쓰는 모습을 쉽게 봤었는데 말이죠. 이때 확실히 느낌이 왔어요. '빙하가 녹고 있구나.'

캔디카메라는 대기업 앱에 맞서 어떤 대응을 했나요.

-

서지호 CSO

그동안은 나름의 스케줄을 가지고 캔디카메라 기능을 업데이트해왔어요. 큰 경쟁자가 없었던 터라 속도보다는 완성도가 중요했는데 이제는 완성도는 기본에 속도가 더 중요해진 거예요. 대기업 앱에 있는 동영상 기능이 캔디카메라에 당장 없다는 게 가장 큰 문제였으니까요. 대기업 앱보다 더 좋은 동영상 기능을 캔디카메라에 넣기 위해 한참을 달렸어요.

항상 1등이었던 저희가 1등 뒤통수만 보고 반년 이상을 매달렸죠. 동영상 기능을 업데이트하니 사용자 반응이 좋았어요. 그렇게 위기를 넘고 다시 엄청난 성장을 할 거라고 잠시 기대하기도 했어요. 하지만 그런 기대도 오래가지 않았어요. 그 대기업이 얼마 지나지 않아 전혀 다른 앱을 내놨고 또 한참을 앞서 나가기 시작했어요. 또 한 번 멘붕이 찾아왔죠.

대기업이 새롭게 내놓은 앱은 무엇이었나요.

-

안세윤 대표

사진이나 동영상을 찍으면서 바로 스티커를 합성할 수 있는 앱이었어요. 사용자 얼굴에 토끼 귀나 고양이 수염, 선글라스 등을 더해 독특하고 귀여운 사진을 찍을 수 있었죠. 미국의 유명 메신저 앱 '스냅챗'이 선보인 기능으로 이미 해외에서는 큰 인기를 끌고 있었어요. 이 기능을 대기업이 국내 시장에 소개한 거예요.

JP브라더스는 어떻게 대응했나요.

-

안세윤 대표

동영상 기능을 업데이트해 간신히 대기업을 따라잡았다고 생각했는데 곧 더 큰 격차가 생겼어요. 또다시 대기업 뒤를 쫓는 상황이 벌어졌죠. 새로운 앱이 엄청난 인기를 끄는데 아무것도 안 할 수는 없었으니까요.

스티커를 얼굴에 바로 합성하는 기능을 넣으려면 얼굴 인식 솔루션 기술이 필요해요. 처음에는 이 솔루션을 직접 개발했어요. 그런데 이 개발이 간단치 않은 거예요. 대기업도 라이선스 비용을 내고 전문 개발사 솔루션을 쓰는데 저희는 직접 만들어 보려다 시간만 날리고 결국 포기했죠.

이런저런 어려움을 겪으며 나름 열심히 대기업에 대응하고자 다시 1년을 달려왔어요. 하지만 어느 순간 뒤돌아보니 남는 게 없는 거예요. 앞서지는 못하고 늘 따라가기 바빴죠. 그러다 '이대로는 안되겠다', '이런 식의 경쟁 아닌 경쟁은 더 이상 무의미하다'라는 결론을 내렸어요. 이때가 2017년 7월이에요. 대기업이 카메라 앱 시장에 본격적으로 진출한 지 2년 정도 지난 후 였어요.

아무리 대기업이라고 해도 JP브라더스는 글로벌에서 손꼽히는 카메라 앱 개발사인데 왜 제대로 경쟁할 수 없었던 건가요.

-

박상철 CTO

캔디카메라가 엄청나게 히트했지만 저희는 어디까지나 인력도 자금도 제한적인 말 그대로 스타트업이었어요. 작은 스타트업이 대기업을 맞상대할 수는 없더라고요.
카메라 앱은 필터와 스티커가 경쟁력의 원천인데 상대방은 거의 매일 업데이트가 됐어요. 디자이너가 많으니 당연한 거죠. 반면 저희는 아무리 열심히 해도 소수 인원으로 저들의 속도를 따라잡을 수 없었죠.
상대는 자금이 풍부한 대기업인지라 당장 카메라 앱으로 돈을 벌 필요도 없었어요. 무리한 비즈니스모델로 사용자 경험을 해치지 않아도 되고 오직 앱 완성도만 높이면 됐죠. 저희는 경쟁도 해야 하지만 돈도 벌어서 생존해야 하니 최소한이지만 광고를 노출해야 했어요. 아무래도 광고가 전혀 없는 대기업 앱과 비교하면 사용자 입장에서 불편할 수밖에 없죠. 결국, 조직과 자본의 차이 때문에 경쟁에서 이길 수 없었어요.

경쟁을 그만둔 뒤 JP브라더스는 어떤 선택을 했나요.

-

서지호 CSO

대기업이 없는 영역에서 새로운 앱을 만들기로 했어요. 캔디카메라를 벗어나 새로운 가능성을 찾기로 한 거죠. 선택은 안드로이드 유료 카메라 앱이었어요. iOS는 해당 카테고리에 확실한 1등 서비스가 있던 반면 안드로이드는 이렇다 할 유료 서비스가 없었어요. 다운로드 상위권 앱 대다수가 오류도 많고 사용자 경험도 별로였어요. 제대로 된 앱을 내면 시장을 선점할 수 있겠다고 판단해 한 달 안에 개발을 끝내고 시장에 선보였어요.

이렇게 하는 게 대기업 뒤만 따라가는 것보다 훨씬 낫다고 여겼어요. 확실한 정답은 아니지만 그래도 정답일 가능성이 높다고 판단했어요.

새로운 대안이 왜 또 카메라 앱이었나요.

아예 다른 서비스를 해볼 생각은 없었나요.

-

안세윤 대표

아예 다른 앱을 내는 걸 생각해보지 않은 건 아니에요. 결과적으로 유료 카메라 앱을 선택한 가장 큰 이유는 '속도' 때문이었어요. 그동안 쌓은 기술력이 있으니 테스트도 그만큼 빨리할 수 있는 거죠. 개발해서 출시하고 사용자 반응을 보는데 한 달 남짓이면 충분했어요. 이 방향이 맞는지 확인하는데 한 달밖에 안 걸린다면 일단 해보는 게 맞다고 생각했어요.

다른 이유는 내부 구성원의 사기였어요. 대기업과 오랫동안 힘들게 경쟁했는데 얻은 게 없었어요. 성과 없는 마라톤에 모두가 지쳐있었죠. 그러다 보니 이탈자도 생겼고요. 내부 분위기를 반전할 성공이 절실했어요. 그러자면 완전히 새로운 서비스보다 기술력과 경험이 있는 카메라 앱을 만드는 게 실패 확률을 크게 낮추는 방법이었어요.

JP 브라더스가 새로 내놓은 유료 카메라 앱은
캔디카메라를 비롯한 기존 앱과 어떤 점이 달랐나요.

-

서지호 CSO

캔디카메라는 전 세계에 워낙 많은 사용자가 있다 보니 다양한 취향과 사용자 환경을 고려해야 했어요. 어쩔 수 없이 필터도 너무 튀지 않아야 했고 앱도 사용이 복잡해졌죠. 저희가 새로 선보인 안드로이드 유료 카메라 앱 '픽테일'은 원하는 필터를 골라 사진을 찍고 공유하는데 몇 번의 터치로 끝낼 수 있어요. 사용자 경험을 크게 개선했고 오류가 많던 기존 안드로이드 유료 앱에 비해 안정성을 크게 높였죠.

픽테일은 테마 별로 유행하는 필터만 모은 시리즈 앱이에요. 총 10개의 테마를 출시했고 첫 번째 앱은 '픽테일 - 핑크레이디'였어요. 이름

그대로 핑크 필터로 예쁜 사진을 찍는데 최적화된 앱이죠. 다른 앱도 각자의 분명한 테마가 있어요. 이렇게 10개의 앱을 2주에 한 번씩 선보여 사용자 수집욕을 자극했어요. 시리즈를 모으는 재미를 마케팅에 적극 활용했어요.

픽테일의 반응은 어땠나요. 성과가 궁금합니다.

-

서지호 CSO

처음 선보인 '픽테일 - 핑크레이디'는 솔직히 성공도 실패도 아니었어요. 한 마디로 반응이 '뜨뜻미지근'했죠. 격주로 앱을 내면서 사용자 반응을 계속 체크해 서비스에 반영했어요. 사용자가 원하는 필터 느낌을 찾기 위해 노력했죠. 첫 성공은 시리즈의 5번째 앱인 '픽테일 - 리미티드에디션'이었어요. 기존에 나온 4개 앱 중에 가장 인기 있는 필터만 뽑아 하나에 담았어요. '한정판'이라는 가치를 주기 위해 선택한 '리미티드에디션'이라는 네이밍이 성공에 큰 발판이 됐죠. '픽테일 - 리미티드에디션'은 출시와 동시에 큰 인기를 모으며 국내 전체 유료 앱 다운로드 1위에 올랐어요. 유료 카메라 앱 분야에선 전 세계 88개국에서 1위를 기록했죠. 하루 다운로드가 15만 건이 나오기도 했어요.

안세윤 대표

'리미티드에디션'이 성공하면서 픽테일은 안드로이드 유료 카메라 앱 부동의 1위가 됐어요. '리미티드에디션' 이후 나온 시리즈 앱 모두 유료 카메라 앱 분야 다운로드 1위를 기록했죠. 출시 이후 지금까지 픽테일 시리즈의 누적 다운로드가 200만 건이에요. 유료 카메라 앱 분야 2위 서비스 다운로드 수가 1만 건 수준이라는 점을 감안하면 큰 성공이라고 볼 수 있죠.

픽테일의 가장 큰 성과는 매출이에요. 이전에는 캔디카메라의 광고 수익이 매출의 전부였어요. 현재는 픽테일 유료 판매 매출이 전체 매출의 20%를 차지하고 있어요. 픽테일 출시 이전과 현재를 비교하면 매출이 25% 늘었고요.

유료 카메라 앱 시장에 또 대기업이 들어오면 어떻게 하나요.

-

안세윤 대표

일단 대기업의 시장 진출 가능성은 낮게 보고 있어요. 유료 카메라 앱 시장은 스타트업에게는 의미 있지만, 대기업 입장에서는 너무 작거든요. 무료 앱 시장에서 거대한 사용자를 확보한 후 이를 기반으로 비즈니스모델을 붙이는 게 훨씬 낫죠. 실제 그 대기업이 지금껏 낸 앱 중에 유료 판매 앱은 하나도 없어요.

하지만 세상에 100%는 없고, 대기업이 뭐든지 할 수 있다고 생각해요. 당장은 유료 카메라 앱에 주력하고 있지만, 저희도 계속해서 새로운 아이템을 찾고 있어요. JP브라더스가 제일 잘할 수 있는 걸 찾아 대기업도 넘볼 수 없는 경쟁력을 쌓기 위해 계속 노력하고 있어요. 스타트업답게 스타트업 정신을 더욱 무장하고 있죠.(웃음)

대기업과 경쟁하면서 배운

사업의 기술이 있다면 말씀해주세요.

-

안세윤 대표

'경쟁도 때로는 피하는 게 전략'이라는 거예요. 생각해보면 대기업이 시장에 들어왔을 때 당황해서 무조건 따라가기만 했어요. 상대와 저희의 객관적인 역량 차이를 고려했어야 하는데 경쟁이란 이름으로 무조건 뒤만 쫓다 많은 어려움을 겪었어요. 경쟁에는 노력과 시간이 들어가기 마련이잖아요. 그렇다면 그 노력과 시간을 우리가 가장 잘할 수 있는 분야를 찾는 데 쓰는 게 더 나은 선택이라는 걸 알았어요. 시장은 빠르게 변하고 변화에 맞춰 1등이 될 수 있는 곳을 찾아 그곳에서 이길 수 있는 경쟁을 하는 게 더 중요하다고 생각해요.

서지호 CSO

일단 제품이 있으면 고민하지 말고 빠르게 시장에 출시해 평가를 받아야 한다는 거예요. 사실 대기업이 시장에 들어오기 전, 캔디카메라가 한창 잘나갈 때 아무런 준비를 하지 않은 게 아니었어요. '아시아의 인스타그램'을 목표로 카메라 앱 기반 SNS 서비스를 개발했었어요.

오랜 시간을 들여 거의 개발을 끝냈는데 막상 만들고 보니 인스타그램 대비 뚜렷한 강점이 없는 거예요. 어느 정도 차이와 나름의 강점은 있었는데 과연 이 정도를 사용자가 알아줄까, 이런 고민이 생겼죠. 결국, 개발을 거의 다하고도 서비스를 내지 않았어요. 이런 시행착오를 겪는 동안 대기업이 시장에 들어왔고 저희는 아무런 결과물 없이 시간을 허비한 꼴이 된 거죠.

지금 생각해보면 그때 그 SNS 서비스를 출시했어야 했어요. 서비스 성공은 사용자가 만드는 건데 시장 상황만 고려해 사용자에게 그 기회조차 주지 않은 거죠. 개발이 거의 끝났으니 일단 앱을 출시하고 사용자 평가를 받은 후 서비스를 계속 이어갈지를 고민했어도 됐는데 말이죠. 그래서 픽테일은 한 달이란 시간을 정하고 개발을 끝냈어요. 첫 번째 앱 완성도가 내부 기준에 다소 못 미쳤지만 일단 출시했어요. 일단 내보니 저희가 우려한 부분을 얘기한 사용자도 있었고, 걱정했지만 전혀 문제가 되지 않은 부분도 있었어요. 사용자 피드백을 기초로 다음 버전을 가다듬었고 이를 바탕으로 '리미티드에디션' 등 이후 앱이 큰 성공을 거뒀죠.

혹시 완성도 때문에 출시 여부를 고민하는 다른 스타트업이 있다면 일단 서비스를 내는 게 중요하다고 얘기하고 싶어요. 시장 상황은 언제든 변할 수 있고 완성도보다는 타이밍이 더 중요할 때도 있으니까요. 일단 시장을 선점한 후 사용자 피드백을 보면서 완성도를 높이는 것이 더 나은 접근법이라는 게 그동안의 경험에서 얻은 저희의 사업의 기술이에요.

CHAPTER

4

기업문화·철학이
중요한 이유

13

“

분명한 기업문화가 없으면 앞으로 나갈 수 없다

”

"첫 창업을 남들보다 수월하게 시작한 편이에요. 벤처캐피털(VC) 심사역으로 일하다 창업한 터라 저를 믿고 투자해 주신 분들이 계셨어요. 적지 않은 시간, 다양한 곳에서 회사 생활을 한 덕에 지인을 중심으로 함께할 팀원도 모을 수 있었고요. 이렇게 필요한 인력과 자본을 큰 어려움 없이 모았고 신생 스타트업치고는 좋은 여건에서 사업을 시작했어요. 하지만 뚜렷한 기업문화에 대한 정의 없이 사람부터 모은 게 큰 실수였어요. 각자 생각하는 게 달랐고 기준이 없어 작은 갈등조차 명쾌하게 해결할 수 없었어요. 당연히 회사는 성장하지 못했고 많은 구성원이 이탈하며 위기를 맞았어요. 아이러니하게도 대규모 인원이 회사를 떠나고 나서야 뚜렷한 기업문화를 만들 수 있었고 하나의 방향으로 나아가며 반전을 만들 수 있었어요."

안성우

직방 대표

안성우

직방 대표

1979년생
채널브리즈 창업 2010년
창업 당시 만 31세

안성우 직방 대표는 창업 전 게임회사 개발자와 VC 심사역, 회계사로 일하며 다양한 경험을 쌓았다. 2010년 ‘채널브리즈’로 창업해 '포스트딜'이란 서비스를 선보였지만 원하는 성과를 얻지 못하고 원룸 중개 플랫폼 직방으로 피벗(Pivot)해 큰 성공을 거뒀다. 직방은 오프라인 위주의 부동산정보 시장을 모바일 중심으로 바꾸며 2018년 12월 기준 국내외 유수의 VC에서 총 650억 원의 투자를 유치했다.

첫 창업에 대해 간단히 소개해 주세요.

-

첫 창업 아이템 '포스트딜'은 별도 쇼핑몰 없이 블로그나 카페, SNS에서 물건을 팔 수 있는 결제 솔루션이었어요. 판매자가 포스트딜을 이용해 상품 등록을 하면 개인 채널에 적용할 수 있는 위젯이 생성돼요. 이 위젯을 통해 결제가 진행됐죠. 직접 물건을 팔지 않아도 좋은 채널이 있다면 포스트딜을 통해 수익을 만들 수도 있었어요. 판매자가 위젯을 자신의 채널에 넣고 이를 통해 구매가 발생하면 수익의 일부를 받는 거죠. 창업 초기 포스트딜로 투자 유치에 성공해 1년여 동안 서비스를 운영했어요.

첫 창업치고는 펀딩도 인력 수급도 잘 됐는데

어려움을 겪은 이유가 뭔가요.

-

처음 팀을 꾸릴 때 역할 중심으로 사람을 모았어요. 서비스를 운영하는 데 있어 필요한 능력과 이에 따른 역할만 정의하고 기술적으로 이를 훌륭히 수행할 수 있는 분들을 모셨어요. 이렇게 모신 분들이 또 자신과 일할 팀원을 모으면서 창업 당시 전체 인원이 10명이 넘었고 얼마 후 25명까지 늘었어요. 좋은 인원을 모으고 팀도 잘 세

팅했으니 회사 분위기가 좋아야 하는데 생각과는 아주 달랐어요. 작은 문제 하나도 제대로 조정이 안됐어요. 구성원 모두가 동의한 기업문화를 바탕으로 갈등을 조정해야 하는데 분명한 기업문화가 없었어요. 없으면 큰 방향성을 갖고 만들어 나갔어야 했는데 구성원마다 지향해야 할 기업문화에 대한 정의와 기대가 모두 달라 이를 조정하기도 힘들고 무엇보다 시간이 너무 오래 걸릴 거 같았어요. 사업적으로 당장 풀어야 할 수많은 문제가 눈앞에 있는데 눈에 보이지 않는 기업문화라는 문제를 해결하는데 시간과 에너지를 쏟기 쉽지 않아 결국 지나쳐 버렸어요.

문제 해결에 기준이 되는 기업문화가 없으니 갈등을 조정할 수 있는 사람이 없었어요. 모든 갈등을 대표인 제가 개입해 해결했어요. 대표가 나서면 표면적이나마 해결이 되는데 대표가 없으면 문제가 해결이 안되는 거예요. 해결이 돼도 불만이 100% 없어지지는 않았어요. 어떻게 해도 누군가는 불만이 남을 수밖에 없었죠. 이렇게 갈등이 쌓이면서 회사의 에너지가 성장이 아닌 다른 곳에 허비돼 버렸어요.

문제의 원인으로 기업문화 부재를 말씀하셨는데
뚜렷한 기업문화가 없다는 게 왜 문제가 된 건가요.

-

기업문화를 정한다는 건 구성원이 동의한 가치를 바탕으로 함께 일하는 방식을 정한다는 거예요. 쉽게 말하면 '우리는 이런 목표가 있고, 이런 방식으로 목표를 이뤄갈 거다'라는 건데 당시 저희에겐 목표만 있었지 모두가 동의한 가치가 없었어요. 어떤 문제가 발생했을 때 모두 동의한 가치가 없으니 각자의 방법론이 매번 충돌한 거죠.
예를 들면 업무 시간이에요. 누군가는 일찍 출근해 일찍 퇴근하기를 원해요. 다른 사람은 오전에 여유 있게 출근하고 조금 늦게 퇴근하는 게 만족감이 크죠. 야근해도 괜찮은 사람이 있는 반면 야근이 너무 싫은 사람도 있고요. 이런 갈등 조정을 위해선 뚜렷한 기업문화가 있어야 하는데 이게 없었으니 당연히 곳곳에서 문제가 터질 수밖에 없었던 거 같아요.

많은 곳에서 갈등이 생겼다고 하셨는데
구체적 사례 하나만 말씀해주세요.

-

사무실을 이사할 때 자리 배치와 파티션 설치 여부가 큰 문제가 됐어요. 별거 아닌 거 같아 보이지만 개인 업무 환경에 관한 거라 간단하지가 않더라고요. 모두가 나름대로 '이런 환경이 좋다'라는 생각이 있었어요. 업무에 집중하기 위해 공간을 파티션으로 구분하자는 사람이 있는 반면 원활한 커뮤니케이션을 위해서는 얼굴 보고 일을 하는 게 좋고 이런 이유로 파티션이 없었으면 하는 사람도 있었죠. 이야기는 업무 공간이 아닌 회의실에서 관계자만 조용히 하자는 사람이 있는 반면 그때그때 자리에서 편하게 얘기하자는 사람도 있었어요. 이렇게 공간을 어떤 분위기에서 어떻게 구성하느냐를 가지고 다양한 의견이 충돌했어요.

제가 다녔던 회사를 생각해보면 게임 회사는 파티션이 있었지만 낮았어요. 중간중간 테이블이 있어 언제든 이슈가 있으면 빈 테이블에서 바로 이야기를 했죠. 그래서 사무실 전체가 늘 시끌벅적했어요. 반면 VC에 있을 때는 각자 독립된 방에서 업무를 했어요. 독립된 방에서 업무에 집중하고 회의는 회의실에서 했죠. 회사에 다닐 때는 아무 생각 없이 지나쳤는데 공간을 대하는 방식이 다 그 회사만의 기업문화로 정립된 것이었어요.

사실 스타트업에 오는 분들은 대개 업무 환경에 대한 기대가 큰 편이에요. 각자가 기대하는 바가 있는데 만족이 안되면 불만이 생길 수밖에 없는 거죠. 회사에 분명한 기업문화가 있었다면 공간 문제도 이에 따라 조정이 됐을 텐데 그렇지 않으니 이게 정말 쉽지 않더라고요.

사무실 문제는 결국 어떻게 해결했나요.

-

당장 빠른 해결을 위해 애매한 타협점을 찾았어요. 한쪽은 파티션을 두고 다른 쪽은 오픈된 공간으로 쓰고. 회의실은 독립 공간으로 만들고. 이렇다 보니 모두가 만족하지 않는 채로 문제가 일단락됐어요. 결과가 안 좋아도 과정이 좋을 수 있고 그것만으로 충분히 의미가 있을 수 있어요. 사무실 문제를 해결하면서 모두가 만족하는 결과를 얻을 수는 없었겠지만, 충분히 논의해 분명한 기업문화, 하나의 방향성을 정의했으면 이후에 비슷한 갈등이 없었을 거예요. 아쉽게도 사무실 문제는 결과와 과정 모두 안 좋게 끝나버렸어요.

많은 갈등이 생겼다고 했는데 사업은 어떻게 진행됐나요.
원하던 성과를 얻었나요.

-

일에만 집중해야 하는데 구성원의 에너지가 다양한 갈등으로 소모되다 보니 일이 제대로 되지 않았어요. 포스트딜을 오픈하고 1년간 서비스를 운영했는데 더는 정상적으로 회사를 끌고 갈 수 없을 정도로 상황이 안 좋아 졌어요. 성과로 말하자면 창업 전 계획했던 것의 1%도 얻지 못한 상황이었죠.

기업문화가 없는 것이 큰 위기의 원인이 됐는데
결과적으로 어떻게 이 문제를 풀었나요.

-

아이러니하게도 회사가 어려움을 겪으면서 자연스럽게 해결됐어요. 회사가 휘청이자 많은 구성원이 스스로 떠났어요. 회사에 돈이 떨어져 남은 인원이 모두 함께 하지 못할 상황이라 내부에 솔직하게 '이번 달까지 퇴사하면 퇴직금을 줄 수 있다. 이후에는 장담할 수 없다'라고 상황을 공유했어요. 최종적으로 저와 비전과 방향성이 비슷한 5명만 남았어요. 그리고 이 사람들과 포스트딜 운영을 중단하고 직방으로 피벗했어요.

새로운 직방의 기업문화는 무엇이었나요.

-

간단히 말해 '회사 문제를 해결하는 것이 모든 가치에 우선한다'였어요. 나머지는 다 사치였죠. 사실 이전처럼 사무실 문제로 고민할 수도 없었어요. 홍대에 있는 월세 80만 원 사무실에서 일했어요. 업무공간도 화장실도 다 좁았어요. 파티션은 비용이 아까워 설치할 수도 없었어요. 자연히 이런 환경이 괜찮거나 혹은 참을 수 있는 사람만 함께 할 수 있었죠. 남은 사람 모두 이런 주변 환경보다는 직방을 성장시키는 데 집중했어요. 회사의 어려운 상황을 이해하고 어떤 상황에서도 직방을 성공시키자는 하나의 방향성을 가진 사람만 남은 덕에 가능했죠. 이렇게 자연스럽게 모두가 동의하는 일치된 기업문화가 자리 잡았어요.

일치된 기업문화는 어떤 힘을 발휘했나요.

구체적 사례를 말씀해주세요.

-

처음 직방을 시작하고 관악구에서 원룸 정보를 모을 때 정말 무식하게 일했어요. 방을 내놓은 임대인을 찾아 동의를 받고 내부 사진을 찍어야 하는데 어디에 어떤 원룸이 있는지, 원룸을 내놓은 임대인은 누구인지 알 수가 없잖아요. 그래서 건물 입구에서 초인종을 눌러 주인을 찾고 '이 원룸 건물에 세입자를 찾는 방이 있는지', '있으면 방을 촬영해도 되는지'를 물었어요. 이렇게 구역을 나눠 저를 포함한 팀원들이 관악구의 모든 원룸 건물을 하나하나 체크했어요.

원룸을 돌다 보면 아무리 노력해도 집주인을 찾기 힘든 경우가 종종 있어요. 이런 경우 내부에선 집주인 소재지를 모른다고 해서 '소재지 불명'이라고 불렀어요. 근데 저희는 이런 소재지 불명이 많으면 안되거든요. 그래서 매일 아침 원룸 정보를 찾으러 나가기 전에 모든 팀원이 모여 '소재지 불명은 없다'란 구호를 외치고 일을 시작했어요. 무식하고 힘들고 멋져 보이지도 않는 일을 모두가 같은 마음으로 해냈어요.

무식하게 일을 해도 성과는 측정해야 하잖아요. 측정을 위해선 기준이 있어야 하고. 근데 이 기준을 잡기가 참 애매한 거예요. 날이 추우면 원룸을 돌기 힘들잖아요. 비가 와도 그렇고. 누구는 이런 이유로 힘들고 누구는 저런 이유로 어렵고. 어떤 기준을 세워도 누군가는 공정하지 않다고 느낄 수밖에 없겠더라고요. 그래서 기준을 만들고 그 기준이 조금이라도 더 공감을 얻기 위해 저도 같이 똑같은 일을 했어요.

같이 일하면서 하루에 개인이 체크해야 할 원룸 수를 조정해 나갔고 '이 정도는 하자'라는 수준으로 기준을 제시했어요. 100% 납득은 못 했을 거지만 모두가 큰 이견 없이 이 기준에 따라줬어요. 이런저런 개인의 이유보다는 회사가 잘되는 게 중요한 사람만 남은 결과였죠. 이전 멤버들이었다면 이 기준을 만들고, 설득하다 지쳤을지 몰라요. 무엇보다 저 역시 지금보다 많이 어렸고, 경험이 부족한 초보 CEO로서 미숙함이 컸었죠.

초기 직방의 기업문화가 인원이 늘어난 후에도 잘 유지됐나요.

-

전체 인원이 40명이 넘어가면서 조금씩 이슈가 생기기 시작했어요. 전반적인 기업문화에는 큰 이견이 없었지만 새롭게 정리해야 할 개별 사안이 생겼어요. 여기서부터 다른 고민이 생기는데 '지금 이 문제를 정리할 것인가, 아니면 무시하고 사업에 속도를 낼 것인가'가 그것이죠. 사업이 성장하고 한창 속도를 내야 할 때에 어떻게 보면 핵심 사안이 아닌 일 때문에 속도를 늦추는 건 사실 쉽지 않아요. 그래도 직방은 잠깐 속도를 줄이려고 했어요. 당장 큰 문제는 안될 수 있지만, 시간이 지나면 큰 문제가 되는 걸 경험했으니까요. 덕분에 어느 정도 초기 직방의 기업문화를 유지하며 새로운 가치를 더할 수 있었다고 생각해요.

조직문화를 잘 유지하기 위해 중요한 것은 무엇인가요.

-

조직문화를 잘 이해하는 핵심 멤버의 성장이 중요하다고 생각해요. 이들이 누군가의 선임이 되고 이들을 보고 회사를 들어오는 사람이 생기니까요. 핵심 멤버가 역량이 뛰어나고 신뢰할 수 있는 사람이라면 이들을 통해 기업문화가 잘 전이될 수 있어요.

스타트업에서는 같이 일하는 사람에 대한 만족감이 중요해요. 인정할 수 있는 사람과 일하고 싶어 하고, 인정하는 사람에게 큰 영향을 받아요. 이런 의미에서 기업문화를 전파할 팀 리더가 꾸준히 발전할 수 있는 환경과 교육이 필요하다고 생각해요. 팀 리더의 발전은 직방도 계속 고민하고 노력하는 부분이에요.

직방의 현재 사무실은 어떤 모습인가요.

-

파티션 없이 얼굴 보며 일하고 간단한 얘기는 자리에서 바로바로 하는 오픈된 공간이에요. 한 명보다는 여러 명이 함께 이야기하고 고민하는 게 낫다는 게 지금의 직방 문화예요. 정말 집중해서 일해야 할 때도 있잖아요. 이럴 때는 별도로 마련된 독립 공간을 자유롭게 오가며 일하고 있어요.

대표님의 경험을 통해 얻은 사업의 기술은 무엇인가요.

-

회사가 잘 안될 때든, 성장을 위해 속도를 높여야 할 때든, 일과 직접 관련 있지 않은 문제 해결에 에너지를 쓴다는 건 쉽지 않은 일이에요. 스타트업일수록 더 그렇죠. 하지만 당장 할 일이 많다고 기업문화를 세우지 않고 지나치면 시간이 지날수록 내부에 불만이 쌓이고 더 큰 문제로 다가와요. 분명한 기업문화를 정하고 새로운 문제가 생길 때마다 충분한 논의를 통해 궤도를 수정하는 게 중요하다는 것이 제가 얻은 사업의 기술이에요.

14

"

스티브 잡스
리더십을 버리고
더 큰 성공을 얻다

"

"2015년 3월, 10억 원 투자를 받은 뒤 2016년 6월 다시 20억 원 투자 유치에 성공했어요. 투자가 확정됐다는 벤처캐피털(VC)의 전화를 받고 이 소식을 회사에 공유했는데 아무도 좋아하는 사람이 없는 거예요. 저는 들떠 있는데 곳곳에서 한숨 소리만 들리고. 이때 충격은 너무 커서 말로 표현하기 힘들 정도예요. 그리고 이 사건이 저의 사업 철학을 완전히 바꾼 계기가 됐어요."

노대영

집꾸미기 대표

노대영

집꾸미기 대표

1986년생
집꾸미기 창업 2012년
창업 당시 만 26세

노대영 집꾸미기 대표는 대학생이던 2006년 '후플'이라는 서비스로 처음 사업을 시작했다. 이후 의류와 파티 플래닝 사업을 경험했고 2012년 집꾸미기를 창업했다. 2014년 출시한 애플리케이션 '집꾸미기'는 셀프 인테리어에서 인테리어 B2B 시공, PB 제품 사업으로 영역을 확대 중이다. 집꾸미기는 2018년 12월 기준 총 110억 원의 투자를 유치했고 2018년 9월 기준 누적 거래액 500억 원을 돌파했다.

20억 원 투자 확정 소식을 공유했을 때

한숨 소리만 들렸다고 했는데

당시 상황을 자세히 말씀해주세요.

-

VC에서 투자 확정 전화를 받고 기쁜 마음으로 소식을 전했어요. 하지만 얘기한 대로 아무도 저처럼 기뻐하지 않더라고요. 당시 팀원이 20여 명 정도였는데 다들 너무나 무덤덤하고, 몇 명은 크게 한숨을 쉬고 있고. 예상 밖의 반응에 조금 당황했었어요. 제 입장에서 더 충격은 이날 저녁 회식자리였어요. 좋은 소식이 있었던 날인만큼 모두가 신나게 축배를 들며 축하하고, 축하받고 싶었어요. 2차, 3차 달리면서 진하게 술도 마시고 으쌰 으쌰도 하고.

그런데 회식 자리에서 아무도 술을 안 마시는 거예요. 술을 권해도 거절만 하고. 어떻게 해도 분위기는 안 살고. 그러다 팀원 모두 1차가 끝나기 전에 자리를 떠났어요. 술자리에 남아 있는 사람은 저를 포함한 초기 멤버뿐이더라고요. 이때 정말 실감했어요. 내 꿈과 직원들의 꿈이 완전히 다르다는걸. 그동안 내가 주인인 왕국을 건설해왔다는 걸. 이대로는 장기적 관점에서 회사가 성장할 수 없겠다고 생각했고 제가 바뀌지 않으면 안된다고 뼈저리게 느꼈어요.

스타트업이 투자를 받는 건 매우 큰 의미입니다.
회사의 성공을 직원들이 왜 함께 기뻐하지 않은 건가요.

-

20억 원 투자를 받게 됐다는 소식을 전했을 때 팀원들 반응은 말로는 표현 안 해도 '또 시작이구나, 또 얼마나 쪼을까?'였던 거 같아요. 그때는 정말 앞만 보고 달리는 경주마처럼 KPI만 보고 뛰었어요. 어떻게든 매출 KPI를 맞추기 위해 제가 모든 일에 간여하고 팀원들에게 성과를 독려했어요. 이 과정에서 지나친 마이크로 매니징을 했고 이런 행동이 팀원들을 지치게 했던 거 같아요. '10억 원 투자받고 그렇게 힘들었는데, 20억 원 투자를 받았으니 얼마나 더 힘들까' 뭐 이런 생각을 하지 않았나 싶어요.

어떻게, 어느 정도로 마이크로 매니징을 했나요.
예를 들어주세요.

-

디자인팀 일에 지나치게 간여했었어요. 당시 디자인팀 결과물이 종종 제 마음에 안 들었어요. 조금만 둘러보면 참고할 만한 우수한 서비스가 많은데 왜 우리 서비스는 그런 디자인을 못 따라갈까, 이런 불만이 있었어요. 그래서 1년 동안 유튜브에서 포토샵과 일러스트

강의를 보고 독학으로 툴을 배웠어요. 그리고 툴에 익숙해지면서 하나하나 제가 간섭을 하기 시작했죠.
디자인팀이 다른 좋은 서비스를 제대로 모니터링하지 않는다는 생각에 아예 업무 시간에 해야 할 일을 제가 정해줬어요. 출근 후 오전 시간에는 제가 정한 사이트를 둘러보고 오후에 모니터링 내용을 토의하고 이후에 서비스에 적용하는 식이었어요.
SNS 콘텐츠팀에는 어절과 음절에 대한 논문을 읽고 어절과 음절을 따른 독자 반응을 고려한 콘텐츠 포스팅을 요구했어요. 이런 식으로 모든 분야에 제가 직접 개입해 작은 거 하나하나까지 지시하고 확인했어요.

직접 모든 사안에 개입한 것이
좋은 결과로 이어졌나요.

-

객관적인 지표로 성과가 증명된 건 별로 없었어요. 그냥 제가 원하는 대로 하니까 제 눈에는 좋아 보이고, 그래서 스스로는 좋아졌다고 느꼈던 거죠. 하지만 착각이었어요. 전문지식과 경험이 없는 제가 실무자를 두고 모든 결정을 하다 보니 상황에 따라 결정이 오락가락하는 경우가 많았어요. 당연히 팀원들도 혼란스러워했고요. 무엇보다 대표가 모든 결정을 다 하다 보니 실무자 입장에서는 일하는 재미도 없고 자존감도 떨어질 수밖에 없었죠. 자연히 퇴사자가 계속 발생했고 이런 상황이 지속되면서 다들 지쳐갔던 거 같아요.

왜 이렇게 마이크로 매니징을 한 건가요.

-

개인적으로 스티브 잡스 전기를 정말 인상 깊게 읽었어요. 수십 번을 봤는데 모든 CEO가 잡스 같아야 하는 줄 알았어요. 모든 걸 다 알고, 모든 일을 컨트롤하고, 모든 결정을 내리는 히어로가 돼야 한다고 착각했던 거 같아요. 다른 사업가의 글과 인터뷰 기사에서도 비슷한 내용을 많이 접했고요.
지금 돌이켜보면 사업이란 과정을 너무 짧게 본 것도 커요. 육상에 비유하면 마라톤인데 100M 달리기로 생각한 거죠. 5년이면 5년, 이렇게 기간을 잡고 그 안에 상장이든 엑시트(Exit)든 결론을 내야 한다고 생각했어요. 하지만 무슨 일이든 계획대로 되기 힘들고 스타트업은 더욱 그렇잖아요. 처음부터 무리한 계획을 세우고 그 계획만 보고 달리다 보니 매번 전력질주를 해야 했어요. 그러다 보니 단기 목표에 집착하게 되고 직원을 압박하면서 목표를 맞추려고 했던 거 같아요.

사실 첫 투자를 받기 전에는 이런 식으로 경영하지는 않았어요. 첫 투자를 받고 나니 책임감이 너무 크게 다가왔어요. 저를 믿고 지지해준 투자자와의 약속을 반드시 지켜야 한다는 부담이 너무 컸어요. 결론적으로 경험이 많이 부족했던 거 같아요. 사실 20대, 30대 초반 창업자라면 직위는 대표지만 사회 경험은 적잖아요. 사회 경험이 아예 없거나 있어도 어느 정도 규모 있는 회사에서 관리자급 경험을 쌓을 정도는 아니죠. 이런 상태로 창업을 하니 경영관리를 제대로 한다는 건 거의 불가능한 거 같아요. 자기 철학이 분명하지 않고 그러다 보니 주변 사업가의 얘기, 성공한 리더의 책이나 인터뷰에 쉽게 영향을 받기도 하고, 저 역시 그랬던 거 같아요.

투자 소식을 알린 후 팀의 반응을 확인하고
어떤 결론을 내렸나요.

-

사업이 뭔지, 대표는 어때야 하는지, 정말 많은 고민을 했어요. 주변에 잘되는 기업을 살펴보고 나름대로 원인을 분석했어요. 잘되는 기업은 밖으로는 매출 기반으로 성장한 거 같지만 안을 살펴보면 같이 일하는 사람의 인격을 존중하는 문화가 토대가 됐다는 결론을 내렸어요.

그러다 보니 제가 사업을 한 이유가 생각나더라고요. 저는 누군가에게 간섭받지 않고 주도적으로 일하고 싶어 창업을 했거든요. 제가 간섭받고 싶지 않으면 당연히 남도 그럴 텐데, 저는 마이크로 매니징을 하고 있었던 거죠. 누군가의 일에 지나치게 간섭을 하면 그 사람의 인격을 무시하는 거고 그 사람의 인생을 부당하게 침해하는 거라는 생각이 들었어요.

창업은 100M 달리기가 아니고 마라톤인데 기존 방식으로는 절대 멀리 갈 수 없다는 건 확실했어요. 100M 선수는 마라톤 선수보다 은퇴가 빠르잖아요. 계속 100M 선수처럼 달리면 레이스를 남기고 은퇴를 할 수밖에 없을 거란 위기감이 들었어요. '같이 일하는 사람의 인격을 존중해야 함께 갈 수 있고, 나와 같이 가고 싶은 사람이 많아야 회사가 성장한다, 그러려면 내가 당장 바뀌어야 한다'고 결론 내렸어요.

결론을 내리고 어떻게 변했나요.

구체적 변화를 말씀해주세요.

-

가장 먼저 마이크로 매니징을 그만뒀어요. 거의 모든 부분에서 저의 권한을 내려놨어요. 대표가 가진 권한을 직원과 나누고 모두가 스스로 권한을 갖고 일하는 문화를 만들었어요.
매출 기반 KPI도 없앴어요. 단기 매출 목표를 맞추는 것 대신 회사가 장기적으로 성장할 수 있는 목표로 수정했어요. 예를 들어 인테리어 소품 판매를 늘리는 것 대신 환불률을 낮추는 거예요. 저희 서비스 특성상 엄청나게 많은 볼륨을 만들어 내는 것보다 한번 사용한 고객이 제품에 만족하고 다시 집꾸미기를 찾는 게 더 중요하다고 판단했어요. 그래서 고객 피드백에 집중해 환불률을 3% 이하로 낮추는 걸 KPI로 잡았어요.
그리고 외부 고문을 적극 활용했어요. 잘 모르는 건 모르는 걸로 인정하고 적절한 조언을 해줄 수 있는 분을 고문으로 모셨어요. 이전에는 제가 모르는 분야를 제멋대로 판단하다 보니 받아들이는 사람도 힘들었고 결과도 안 좋은 경우가 많았는데, 누가 봐도 전문가라고 할 수 있는 분이 조언을 해주니 방향도 맞고 받아들이는 사람의 만족도도 높아졌어요.
팀원들이 가장 크게 실감한 건 아마 저의 퇴근 시간이었을 거 같아요. 변해야 한다고 결심한 순간부터 팀원들에게 부담되지 않는 시간에 퇴근했어요. 이전에는 회사에 텐트를 치고 잤어요. 숙식을 회사에서 해결했죠.(웃음) 저는 대표라면 이렇게 일만 생각하는 모습을 보여줘야 한다고, 이런 게 책임감 있는 모습이라고 생각했는데 다시 생각해보니 집에 안 가는 대표가 팀원들 입장에선 적지 않은 부담이 됐을 거 같아요.

한창 더 성장해야 하는 스타트업인데
매출 기반 KPI를 내려놓으면서 불안하지 않았나요.

-

스타트업이 세상에 나오는 이유는 그 회사만 할 수 있는 무언가가 있기 때문이라고 생각했어요. 대체 불가능해야 생존할 수 있고 그 대체 불가능함은 결국 사람이에요. 좋은 사람이 모이면 새로운 수익모델이 생기고 매출은 늘어날 거라고 봤어요. 같이 일하는 사람들이 좋고, 내가 다니는 회사가 좋으면 이 사람들, 이 회사를 지키기 위해 스스로 수익모델을 고민할 수밖에 없잖아요.

이 시기에 '대표는 과연 뭘까'를 정말 오래 고민했는데 결론은 좋은 사람을 모으고, 이들에게 함께 일하고 싶은 동기를 만들어주는 사람이라는 거였어요. 매출 기반 KPI를 내려놓고 팀별로 KPI를 세팅해 각 팀이 원하는 방법으로 이를 달성하기로 했을 때 '이 방식이 맞다'라는 확신이 들었고 그래서 크게 불안하지는 않았어요.

각 팀에서는 어떻게 KPI를 세팅하고 이를 실행하나요.

변화에 대한 팀원들의 반응은 어땠나요.

-

각 팀의 리더가 팀의 목표와 여건에 맞게 KPI를 정해요. 물론 각 팀의 KPI는 경영진과 큰 틀 안에서 공감대가 있어야 하고요. 방향성이 맞으면 팀 리더가 자유롭게 실행 방법을 결정해요. 몇몇 팀은 당일 아침 팀 메신저로 재택근무를 통보하고 집에서 일하기도 해요. 출퇴근이나 근무시간도 확인하지 않아요. 업무 시간이 아니라 개인이나 팀이 진행한 프로젝트로 평가하니 어떻게 근무하든 상관없죠. 업무 특성상 주말에 일할 수밖에 없는 사람은 알아서 주중에 쉬고 주말에 출근해요. 업무시간도 '하루 9시간' 등으로 정하지 않아요. 상황에 따라, 업무 특성에 따라 유연하게 정하고 그 안에서 성과를 측정하죠.

사실 대기업과 비교하면 스타트업의 처우나 복지는 떨어질 수밖에 없잖아요. 그럼에도 좋은 분들이 스타트업에 다니는 건 권한과 유연함을 가지고 일을 할 수 있기 때문이 아닐까 해요. 집꾸미기 팀 리더는 KPI를 스스로 잡고 가장 효율적인 방법을 고민해 이를 실행할 수 있는 권한이 있어요. 채용과 평가, 보상에 대한 권한도 모두 팀 리더에게 있죠. 팀원은 팀이 정한 방법 안에서 최대한 자유도를 가지고 이를 수행할 권한이 있고요.

이런 변화에 회사를 싫어하던 분들이 조금씩 달라지는 게 느껴졌어요. 알아서 주말에 출근해 업무를 하는 분, 꼭 일을 하지 않아도 자신의 시간을 회사 안에서 보내는 분도 생겼고요. 제가 과도하게 가졌던 권한을 나눈 것뿐인데 구성원들은 '회사가 나를 인정하고 있다. 이 회사에서 내가 성장하고 있다'라고 받아들이더라고요.

권한을 내려놓고 매출 KPI를 없앤 결과는 어땠나요.

-

제가 마이크로 매니징을 내려놓고 권한을 나눈 후 9개월 동안 매출은 이전 대비 5배 성장했어요. 매출이 급격히 성장한 건 무엇보다 팀원들의 아이디어를 반영한 덕분이에요. 직접 KPI를 세우면서 팀에서 그동안 관심 있어 하던 인테리어 시공과 가구 소품 광고 상품 개발 등 새로운 비즈니스모델(BM)이 나왔고 새로운 수익원이 생기면서 매출이 급성장했어요.

어절과 음절을 고려해 포스팅해야 한다고 했던 SNS 포스팅은 제가 빠지자 한 달에 조회 수 400만~500만 회가 나오는 대박 콘텐츠가 일주일에 적어도 한 번씩은 나왔어요. 제가 기획에 참여할 때보다 배는 좋은 성과였죠. 무엇보다 30%에 달했던 퇴사율이 2017년에는 5% 이하로 떨어졌어요.

혹 각 팀이 자율적으로 정한

KPI를 맞추지 못하면 어떻게 되나요.

-

집꾸미기가 진출한 셀프 인테리어 시장은 새로운 산업이에요. 기존 산업 기준으로 보면 안된다고 생각해요. 모든 게 새로운 것이기에 때로는 예측하지 못한 일이 벌어지기도 하고 이 때문에 목표로 한 KPI를 맞추지 못하는 일도 생길 수 있어요.

저희는 이때 누군가를 비판하고 책임을 묻기보다는 함께 해법을 찾는 시간을 갖기로 했어요. 함께 새로운 방법을 고민하고 하나하나 적용해나가면 결국 방법을 찾을 거고 그만큼 회사와 개인도 성장한다고 생각해요. 집꾸미기에서 권한을 준다는 것은 권한만큼 책임을 져야 한다는 게 아니라 실패할 수 있는 기회를 준다는 뜻이에요. 실제 지금은 이런 문화가 어느 정도 자리 잡았다고 생각해요. 당장 어려움을 겪는 사람이 있으면 이제는 누가 시키지 않아도 자발적으로 늦게까지 남아 함께 고민하는 모습을 쉽게 볼 수 있거든요. 5배의 매출 증가도 이런 작은 실패를 함께 극복하며 만든 성과기도 하고요.

대표님의 역할은 어떻게 변했나요.

-

현재의 역할은 매번 달라요. 저를 비롯해 경영진은 이슈가 있는 팀을 지원하는 일을 하고 있어요. 이전처럼 제가 주도하는 게 아니라 말 그대로 제가 도울 수 있는 일에 산발적으로 투입되는 일종의 스텝으로 일하고 있죠.(웃음)

이전에는 회사에 이슈가 생기면 저를 비롯한 경영진이 해법을 찾았는데 지금은 각 팀에서 해결책을 찾고 경영진은 문제를 해결할 수 있는 환경을 만들어주는 데 집중하고 있어요. 경영진의 KPI도 바뀌었는데 이전에는 오직 매출이었다면 지금은 '회사에서 웃음소리가 끊이지 않게 하는 것'이에요. 모두가 웃으며 일하는 회사를 만드는 게 제 주요 업무이자 역할이 된 거죠.

대표님이 변한 만큼 대표님에 대한
직원들의 평가도 변했나요.

-

이전보다는 훨씬 저를 좋아하는 거 같아요.(웃음) 이제는 제가 요구하지 않아도 제 문제를 자기 일처럼 함께 고민하는 분이 많아요. 비단 회사 일만이 아니라 제 개인적인 고민도 잘 들어주고 같이 방법을 찾으려고 해요. 이전에는 외롭다는 느낌이 많이 들었는데 지금은 그렇지 않아서 행복해요.

마이크로 매니징을 내려놓지 않았다면 어떻게 됐을까요.
새로운 기업문화를 만들면서 얻은
사업의 기술은 무엇인가요.

-

이전처럼 했어도 사업적으로는 성공했을 수 있었을 거예요. 지금의 저의 경영 철학, 집꾸미기 문화보다 이전이 더 사업적으로 맞는다고 조언하는 사람도 있으니까요. 하지만 이전처럼 했다면 너무 외로워서 제가 사업을 포기했을 거 같아요. 외로운 성공은 절대 하고 싶지 않았거든요.

창업은 '벤처(venture)'라고 해서 '모험'인 줄 알았는데, 겪어보니 '인생'이더라고요. 함께 하는 이들의 인생이 모인 게 창업이고 모두의 인생이 자기 자리에서 빛날 때 벤처라는 모험이 의미가 있다는 걸 알았어요.

저는 사업가는 솔직해져야 한다고 생각해요. '왕이 되고 싶은 자, 왕관의 무게를 견뎌라'라는 말이 있잖아요. 무작정 견디는 게 아니라 그 무게에 대해 솔직하게 얘기를 해야 해요. 자신의 부족함과 한계를 인정하고 이를 솔직히 말해야 비로소 무게를 나눌 수 있는 동료가 생기거든요. 저도 가장 힘든 순간 솔직해졌고, 솔직해진 이후에 회사가 더욱 성장할 수 있는 동력이 생겼던 거 같아요.

사업의 기술

15

“
기업문화 부재가 낳은 실패,
기업문화가 만든 성공
”

"2013년 1월 잠금화면 서비스 '허니스크린(출시 당시 서비스명 '애드아워스')'을 출시하고 그해 5월 해외에 진출했어요. 우선 일본에 진출했는데 처음부터 현지 앱스토어 다운로드 1위를 기록할 정도로 좋은 성과를 거뒀어요. 이를 바탕으로 2014년 1월 미국에 진출했어요. 대규모 개발진이 미국으로 건너가 합숙을 하며 서비스를 준비했는데 기업문화 부재로 예상치 못한 문제가 속출하며 4달 만에 미국 진출을 포기해야 했어요. 이 기간 일본과 국내 서비스도 트래픽이 급감하며 자칫 회사가 망할 뻔한 위기를 맞았어요."

이관우

버즈빌 대표

이관우

버즈빌 대표

1984년생
버즈빌 창업 2013년
창업 당시 만 29세

이관우 버즈빌 대표는 성공 경험이 많은 연쇄 창업가다. 버즈빌은 그의 5번째 회사로 앞선 창업에서 소셜커머스 '데일리픽'을 티켓몬스터에, 모바일 쿠폰 솔루션 '이토프'를 네이버에 매각하는 성공 스토리를 썼다. 2013년 1월 창업한 버즈빌은 잠금화면 서비스 '허니스크린'과 '버즈스크린'을 운영하는 스타트업이다. 2016년 미국 잠금화면 서비스 '슬라이드조이'를 인수했으며 현재 전 세계 30여 개국에서 사용자 1,700만 명을 확보했다. 2018년 12월 기준 누적 투자 유치액은 160억 원, 2017년 국내 매출은 300억 원을 기록했다.

버즈빌 창업 전 데일리픽을 티켓몬스터에 매각했습니다.

잠금화면 서비스로 다시 창업한 이유는 뭔가요.

-

데일리픽 매각 후에도 항상 다음 창업을 고민하고 있었어요. 어느 날 지하철역 스크린도어 광고를 보는데 스마트폰 화면과 비슷하다는 생각이 들었어요. 스크린도어를 가득 채운 광고를 모바일 첫 화면으로 옮기면 그 자체로 매력적인 광고판이 될 거라는 생각이 스쳤어요. PC는 화면이 커 여러 콘텐츠를 보여주고도 충분히 큰 광고 배너를 노출할 수 있지만, 스마트폰은 화면이 작아 눈을 확 사로잡을 정도의 배너 광고를 보여주기 힘들었어요. 작은 화면을 쪼개 광고를 노출해 주목도가 낮아지는 게 당시 광고 매체와 광고주 공통의 문제였어요. 잠금화면 서비스로 모바일 첫 화면에서 스크린에 꽉 찬 광고를 보여주는 방식이라면 이 문제를 쉽게 풀 수 있을 거라고 생각했어요.

잠금화면 서비스는

버즈빌 보다 다른 회사에서 먼저 나왔습니다.

창업 당시 상황을 말씀해주세요.

-

잠금화면 서비스라는 아이디어를 얻은 후 티켓몬스터를 퇴사하고 이영호 공동대표와 이승호 전 최고운영책임자(COO) 등과 버즈빌을 창업했어요. 개발팀까지 10여 명이 합숙하며 서비스 개발에 박차를 가했어요. 잠금화면 서비스는 당시 애플 정책상 iOS 적용이 쉽지 않았는데 저희는 뮤직 플레이어를 통해 노출하는 방법을 찾았고 안드로이드와 iOS를 동시에 개발했어요.

그런데 개발을 거의 끝내고 서비스 오픈을 보름 정도 앞둔 시점에 다른 회사에서 저희와 똑같은 콘셉트의 잠금화면 서비스를 오픈한 거예요. NBT파트너스의 '캐시슬라이드'라는 서비스였는데 iOS 앱은 출시하지 않았어요. 어떻게 보면 저희가 iOS 앱을 개발하는 바람에 보름 정도 출시가 늦은 거죠. 이 보름 때문에 본의 아니게 후발 주자로 인식되곤 해서 두고두고 안타까워요.(웃음)

재미있는 게 NBT파트너스 박수근 대표는 제가 창업했던 이토프에서 인턴 생활을 했었어요. NBT파트너스가 창업 초기 신현성 티켓몬스터 대표에게 엔젤 투자를 받았는데 이토프 시절 인연 때문에 신 대표가 저에게 의견을 물었죠. 저는 투자를 추천했고 결과적으로 NBT파트너스는 신 대표에게 투자를 받았어요. 이때만 해도 박수근 대표가 다른 사업을 하고 있어서 비슷한 시기에 비슷한 잠금화면 서비스를 내고 경쟁할 줄은 꿈에도 몰랐었죠.(웃음)

허니스크린 초기 성과는 어땠나요.

-

2013년 1월 서비스를 오픈하고 6월 100만 다운로드를 돌파했어요. 그해 5월 위메이드에서 10억 원 투자를 유치했어요. 당시 위메이드의 게임 '윈드러너'가 인기였는데 윈드러너를 통해 이틀 만에 수십만 다운로드를 만드는 등 빠르게 사용자를 늘렸어요. 위메이드에서 투자를 받고 바로 일본에 진출해 6개월 만에 100만 다운로드를 기록했어요. 2013년 말 다시 소프트뱅크벤처스에서 40억 원을 투자받으면서 창업 1년 차에 제법 많은 성과를 거뒀어요.

창업 첫해부터 일본에 진출했습니다.
해외 진출에 적극 나선 이유가 무엇인가요.

-

여러 번 창업을 하고 몇 번의 성공을 하면서 어느 순간 소명의식 같은 게 생겼어요. 한국 기업이 가장 먼저 시작한 서비스는 많은데 글로벌로 성공한 서비스는 없잖아요. 이게 너무 아쉬웠어요. 그래서 버즈빌은 글로벌로 성공하는 서비스를 만드는 걸 목표로 삼았죠.
또, 잠금화면은 첫 화면에서 광고와 콘텐츠를 보여주면 돼 해외에 나가도 언어 등 현지화 문제가 크게 없었어요. 글로벌 서비스로 키우기에 적합한 모델이라고 판단했고 그래서 창업 초기에 빠르게 해외에 진출했어요.

미국 진출은 언제 이뤄졌나요.
당시 상황을 말씀해주세요.

-

2013년 말 소프트뱅크벤처스에서 투자를 받고 2014년 초에 미국에 나갔어요. 이때는 정말 자신감이 넘쳤어요. 일본에서 잘되고 있었고 투자도 잘 받았고요. '드디어 광고의 본고장 미국으로 간다' 이런 생각에 감회가 새로웠어요.

처음 미국에 시장조사를 위해 갔다 구글 본사에 다니는 친구를 만났어요. 이 친구가 너무 바빠 약속시간을 잡기 힘들어서 새벽 2시에 이 친구 집 앞을 찾아가 겨우 만났죠. 친구에게 잠금화면 서비스에 대해 얘기하고 현지 네트워킹을 부탁하고 돌아왔어요.

다음 날 여러 미팅을 마치고 새벽에 호텔로 돌아왔는데 친구가 호텔 로비에서 기다리고 있는 거예요. 그러더니 대뜸 '이 사업 너무 좋은 거 같다. 당장 구글을 관둘 테니 나랑 같이 해보자'라는 거예요. 당황해서 '미국에서 우리가 자리를 잡으면 그때 합류해라'라고 했더니 본인은 한사코 당장 같이 일을 하겠다는 거예요. 그리고는 정말 구글을 관두고 2014년 2월 설립한 저희 미국 법인으로 합류했어요.
현지 법인을 세운 후 한국에서 대규모 개발자를 채용해 미국으로 보냈어요. 저도 미국으로 넘어갔고 버즈빌 기존 개발자 다수도 함께 갔어요. 회사 전력의 절반 이상이 미국으로 건너갔죠.

대규모 개발 인력을 채용하는 과정이 쉽지 않았을 거 같습니다.
큰 문제는 없었나요.

-

생각하지 못한 큰 돌발변수가 생겼어요. 버즈빌 초기부터 같이 일한 분이 프로젝트 매니저(PM)를 맡아 대규모 개발자 채용을 진행했어요. PM이 개인적으로 아는 사람 위주로 인력을 모아 채용 자체는 힘들지 않았어요. PM에 대한 신뢰가 커 채용 전반을 맡겼고 PM이 있는 한 크게 문제가 안될 거라고 생각했어요.
개발팀을 다 꾸리고 미국으로 출국하기 일주일 전에 PM에게 긴박한 사정이 생겼어요. PM이 개인적으로 운영하던 서비스가 있었는데 이 서비스에 문제가 생겨 서비스를 아예 닫든가 PM이 제대로 창업해 책임지고 문제를 해결해야 할 상황이 발생한 거예요. 고민 끝에 PM이 창업해 서비스를 계속 운영하기로 결론이 났어요.
저희는 평소 함께 일하던 사람이 각자 창업해 성공한 미국의 '페이

팔 마피아'처럼 '버즈빌 마피아'를 꿈꿨어요. 버즈빌 출신이 창업을 한다고 하면 언제든 막지 않고 적극적으로 도와주자고 얘기했었어요. 그래서 미국 진출이 임박했지만, PM을 응원하는 마음으로 떠나보냈어요. 사실 PM이 이탈하면서 느낌이 좋지 않았어요. 채용이라는 중요한 문제를 한 사람의 친분으로 결정한 것 자체가 위험한 일인데 미국 진출을 서두르는 바람에 이 위험을 안을 수밖에 없었죠. 이런 상황에서 PM 이탈이란 돌발변수를 안고 미국행 비행기에 올랐어요.

미국에서 개발은 어떻게 진행됐나요.

-

버즈빌을 창업하고 한국에서 그랬던 것처럼 현지 오피스텔 2개를 구해 합숙을 하며 개발을 진행했는데 이게 큰 실수였어요. 일하는 곳과 쉬는 공간이 구분되지 않고 24시간 붙어있다 보니 다들 스트레스가 엄청났어요. 낯선 미국에서 낯선 사람들과 내 공간 없이 계속 부딪힌다는 게 큰 문제가 되더라고요.

대부분 신규 채용된 분들이라 서로 인간적 유대가 부족했고 함께 생활하면서 개인의 가치관과 습관이 맞지 않아 사이가 나빠지는 분들이 생겼어요. 여자 팀원 두 분은 한국에서는 너무 사이가 좋았는데 미국에서 한방을 쓰면서 서로 말도 안 하는 사이가 되기도 했어요.
그리고 어느 순간, 매일 저녁 사무실에서 술자리가 벌어지더라고요.
전부가 함께하는 것도 아니고 친한 사람끼리만 모여서 술을 마시고.
음주로 다음날 제대로 근무를 못하는 사람도 생기고.
신규 채용한 분들이 대개 30대 후반, 40대 초반의 가정이 있는 분들이었는데 이에 따른 문제도 생겼어요. 아무래도 멀리 나와 있으니 집 걱정이 생기고, 그러다 애가 아프다는 소식이라도 듣는 날은 업무에 집중도 안되고.
이런 문제가 겹치면서 미국에 넘어간 지 석 달 만에 현지 인원의 30%가 퇴사를 원하는 상황이 벌어졌어요.

짧은 기간, 너무 많은 문제가 생겼는데
왜 이런 상황이 벌어졌다고 생각하세요.

-

급하게 채용을 하고 인력을 미국에 보내는 것에만 급급해 버즈빌 만의 문화를 정의하고 체득하는 과정이 없었던 게 가장 큰 문제였어요.
사실 미국에 진출할 즈음만 해도 버즈빌 내에 명확하게 정의돼 외부에 공개할 만한 미션과 비전, 기업문화가 없었어요. 서로 잘 아는 사람끼리 창업해 함께 일하면서 만들어진 분위기와 업무 방식이 자연스럽게 기업문화로 체득돼 있었던 거죠.
저희끼리는 아무 문제가 없었는데 새로 입사한 사람은 이런 버즈빌의 기업문화에 바로 적응할 수가 없잖아요. 회사가 먼저 기업문화를 제시하고 자기와 결이 맞는지 판단할 수 있게 해주거나 충분한 시간을 두고 맞춰갔어야 했는데, 이 과정을 생략한 게 원인이었다고 생각해요.

미국 진출은 어떻게 결론이 났나요.
미국 진출이 가져온 영향은 무엇이었나요.

-

결국 4개월 만에 현지 프로젝트를 중단하고 한국으로 돌아왔어요.
미국에 함께 갔던 분들 중 대부분이 회사를 떠났고요.
미국에서 큰 시행착오를 겪으면서 한국과 일본 상황도 급격히 나빠졌어요. 개발 인력 대부분이 미국 프로젝트에 올인하느라 한국과 일본에서 유의미한 테스트를 하지 못했어요. 많은 테스트를 거쳐 사용자 경험을 업그레이드하는 작업을 지속적으로 해야 했는데 이 작업이 거의 이뤄지지 못했어요. 그러다 보니 트래픽이 급감했죠. 일본에서는 광고영업을 해주던 현지 대행사와 문제가 생겨 매출이 급감했어요.

미국에 갔던 사람뿐 아니라 한국에 남아있던 팀원의 사기도 바닥이었어요. 대규모 인원이 미국으로 떠나 생긴 공백을 남은 팀원이 힘들게 메우고 있었죠.
한국과 일본 사업이 어느 정도 궤도에 올랐다고 생각해 미국에 간 거였는데 실상은 전혀 그렇지 않았어요. 초기 성과에 고무돼 전선을 너무 넓힌 게 실수였어요. 스타크래프트로 말하면 섣불리 러시를 갔다 본진이 털린 상황이었죠.(웃음)

미국 진출 실패로 인한 위기 상황을
어떻게 해결했나요.

-

한국과 일본 시장에 회사 역량을 모으면서 조금씩 상황을 반전해 나갔어요. 한국은 다양한 서비스에 잠금화면 SDK(Software Development Kit)를 제공하는 '버즈스크린'에 초점을 맞췄어요.
일본은 현지 대행사와 일하던 방식에서 벗어나 현지 법인을 세우고 현지 인력을 채용해 다시 하나씩 만들어갔고요.
미국에서 돌아온 뒤 가장 중점을 둔 건 버즈빌의 기업문화와 미션, 인재상을 정리한 컬처북을 만드는 작업이었어요. 구글과 페이스북 등 글로벌 IT기업 컬처북을 참고해 버즈빌의 기업문화와 미션, 인재상을 정리했어요. 구성원 모두가 이 작업을 함께했고 이후에는 이 컬처북을 기준으로 모든 채용을 진행했어요.

기업문화를 정의하고 컬처북을 만든 게 어떤 효과가 있었나요.

-

버즈빌의 기업문화를 잘 이해하는 우수한 인력을 채용할 수 있었어요. 인재상에 맞는 적임자를 선별하고 저희의 가치와 미션에 공감하는 분이면 함께 일을 해요. 역량 있는 사람이 모여 서로에게 좋은 자극을 주고 회사와 개인이 함께 성장하는 선순환이 만들어졌어요. 이영호 대표와 '우리는 창업자 특별전형으로 들어온 거지, 지금이면 절대 버즈빌에 못 들어 온다'라고 농담을 할 정도예요.

목표와 가치가 비슷하고 서로 인정할 만한 역량을 가진 사람이 모이다 보니 구성원 모두가 회사를 좋아하고 팀원들과 함께 시간을 보내는 걸 선호해요. 주말에도 회사에 나와 개인 시간을 보내고 팀원들과 좋아하는 취미를 함께 즐겨요. 팀원들이 단체로 휴가를 내고 팀 리더를 초대해 함께 해외 여행을 다녀올 정도예요.

요즘 '워라밸'이라고 일과 삶의 균형을 중요하게 생각하잖아요. 버즈빌 구성원은 일과 삶의 '하모니'를 추구하는 거 같아요. 회사와 개인의 삶이 구분된 것이 아니라 회사에서의 시간이 개인의 성장에 긍정적 영향을 줘 그 시간이 행복한 거죠.
모든 구성원이 함께 있는 걸 좋아하고 회사의 성장이 개인의 성장으로 이어진다는 믿음을 가진다면 당연히 회사는 성장할 수밖에 없다고 생각해요.

좋은 기업문화를 가진 버즈빌의 역량이
충분히 발휘된 사례가 있나요.

-

버즈스크린은 잠금화면 SDK를 제공하는 서비스에요. 기존 독자 앱을 가진 회사가 잠금화면 서비스를 하고 싶다면 별도 잠금화면 앱을 개발할 필요가 없어요. 버즈스크린 SDK를 기존 앱에 넣으면 잠금화면 서비스가 구현돼요. 서비스 운영을 위한 광고 영업과 콘텐츠 수급은 저희가 대신하고요. 별도 개발이 필요 없고 운영 부담이 적어 2017년 말 기준 40여 개 서비스가 버즈스크린 SDK를 쓰고 있었어요.
그러다 큰일이 발생했는데 2017년 11월, 구글이 플레이스토어 정책을 변경하면서 잠금화면 전용이 아닌 앱이 첫 화면에서 광고를 노출하는 걸 2018년부터 금지한다고 알려왔어요. 한 마디로, 첫 화면에 광고를 노출하려면 별도 잠금화면 앱을 만들라는 거였어요. 당시 중국 몇몇 개발사가 SDK를 이용해 첫 화면에서 사용자 경험을 해치는 게 문제가 되던 상황이라 구글 결정도 어느 정도 이해는 됐지만 저희 입장에선 정말 마른하늘에 날벼락 같은 일이었어요. 몇 년간 쌓은 버즈스크린 파트너사를 정말 하루아침에 잃을 처지에 놓인 거예요.

당시 저는 미국 출장 중 새벽에 이 소식을 들었어요. 처음에는 절망적이었어요. 한숨도 못 잤죠. 일단 한국 본사에는 공유하지 않고 미국 법인 직원들과 대책을 논의했어요. 한국에 돌아오기 전까지 시나리오 20개를 준비했고 돌아오자마자 회의를 통해 대응책을 결정했어요.

대응책은 한 달 동안 무려 40여 개 파트너사의 독립 앱을 개발하자는 거였어요. 제휴팀이 각 파트너사를 만나 독자 앱 개발을 설득했어요. 개발팀은 40여 개 파트너사가 독자 앱을 쉽게 만들 수 있는 모듈을 개발하고 모든 파트너사의 개발 이슈에 대응했어요. 회사의 엄중한 위기를 구성원 모두의 헌신적인 노력으로 돌파했어요. 한 달 동안 40개 파트너사 앱을 모두 개발해 기존 사용자를 이탈 없이 새로운 앱으로 이동시켰어요. 덕분에 파트너사를 단 한 곳도 잃지 않았어요. 이 경험을 한 뒤 팀이 더욱 단단해졌어요. '큰 위기를 모두가 힘을 합쳐 이겨냈다'라는 자부심도 생겼고요. 저도 이때 버즈빌이 정말 내공 있는 회사가 됐다는 걸 느꼈어요.

한번 실패했던 미국 진출은 어떻게 됐나요.

-

2016년 현지 잠금화면 서비스 '슬라이드조이'를 인수하며 미국 사업을 재개했어요. 이제는 미국이나 일본이나 100% 현지화가 원칙이에요. 이전처럼 한국 인력을 현지로 보내는 게 아니라 현지 인력을 채용해 서비스를 운영하고 있어요. 미국 법인은 2017년 매출 30억 원을 올렸고 2018년에도 비슷한 수준에서 조금 더 성장할 거 같아요. 속도보다는 내실을 다지면서 성장하는데 초점을 맞추고 있어요.
2014년 미국 진출 당시 현지 네이티브애드 시장에 진출하는 것도 목표의 하나였어요. 내공도 부족한데 잠금화면 서비스와 네이티브애드 시장을 동시에 공략하려는 과욕을 부린 거죠. 2019년에는 이 네이티브애드 시장에 진출하려고 해요. 그때와 비교하면 5년이나 진출이 늦은 셈인데 이제야 비소로 현지에서 네이티브애드 사업을 할 수 있는 역량이 된 거 같아요.

미국 진출 실패 후 기업문화와 비전을 정리한 컬처북을 만들지 않았다면 버즈빌은 어떻게 됐을까요.

-

간단히 말하면 망했을 거라고 생각해요. 한국과 일본에서 서비스 지표는 계속 빠지고, 구성원 모두 지쳐있었고, 동기부여도 안됐으니까요. 계속해서 버즈빌과 맞지 않는 사람을 뽑고 이들이 떠나는 악순환이 이어졌을 거고요. 컬처북을 정리하면서 스스로를 돌아보고 비전과 미션을 정의하며 가야 할 길을 명확히 한 것이 조직을 추스르고 분위기를 반전하는 계기가 됐다고 생각해요.

다양한 사업을 하면서 얻은 대표님만의 사업의 기술을 말씀해주세요.

-

위기인지 모를 때가 진짜 위기라는 거예요. 사업이 잘되거나 큰 투자를 받으면 너무 자신만만해져 스스로 위기에 빠질 수 있어요. 저도 그랬던 거 같고요. 이 시기를 잘 넘겨야 하는데 그러려면 기본에 충실해야 하는 거 같아요. 이 기본이 바로 기업문화와 철학을 분명히 하면서 좋은 인재와 함께 성장하는 거라고 생각해요.

사업을 15년 하면서 중요하지 않은 거를 하나씩 지워가다 보니까 최종적으로 '비전'과 '인재', '소통', '문화' 이 4개가 남더라고요. 비전이 '방향성'이라면 인재는 '점(nod)'이에요. 우수한 인재를 뽑는 것도 중요한데 인재마다 사용하는 언어가 달라요. 이 언어가 다른 '점'들을 잘 연결하는 '링크(link)'가 '소통'인 거 같아요. 이 '점'과 '링크'가 같은 '비전(방향)'을 향하는 것, 그게 바로 '문화'라고 생각해요. 이 4가지에 집중해야 비소로 회사가 지속적으로 성장할 수 있다는 게 제가 얻은 사업의 기술이에요.

16

“
성공은 ‘전략’이 아닌 ‘철학’이 만든다
”

“데일리앤코의 모토가 ‘일상을 개선하자’예요. 소비자가 필요로 하는 걸 먼저 발견하고 상품화하는 것, 기존에 있었지만, 가치를 잘 몰랐던 상품을 재해석해 유용함을 전달하는 것에 집중했어요. 이 전략이 소비자에게 어필하며 빠른 성장을 이룰 수 있었죠. 좋은 방향으로 시장에 진입했는데 중간에 잠깐 전략이 흔들리면서 시행착오를 겪었어요. 이 실패를 계기로 ‘재해석’이라는 것이 상황에 따라 바뀔 수 있는 ‘전략’에서 반드시 지켜야 할 회사의 ‘철학’이 됐어요.”

문다혜

데일리앤코 대표

문다혜

데일리앤코 대표

1985년생
데일리앤코 창업 2015년
창업 당시 만 30세

최윤호

데일리앤코 대표

1985년생
데일리앤코 창업 2015년
창업 당시 만 30세

미디어 커머스 스타트업 '데일리앤코'의 문다혜·최윤호 대표는 부부 사업가다. 데일리앤코는 2015년 11월에 창업해 여성 뷰티 브랜드 '유리카'로 눈썹 타투펜, 페이스 실드, 헤어 실드 등 메가 히트 제품을 쏟아내며 빠르게 성장했다. 국내 시장에 본격적인 미디어 커머스 시대를 연 주역으로 2017년 8월 상장사 에코마케팅에 200억 원대 기업 가치로 투자·인수됐다. 데일리앤코 창업 전 문 대표는 음악교육, 멀티채널 네트워크(MCN) 분야에서 사업을 진행했다. 최 대표는 앱 기반 F&B 마케팅 서비스, MCN 사업 등에서 경험을 쌓았다. 데일리앤코는 현재 뷰티를 넘어 리빙, 식품, 가전으로 사업영역을 넓히고 있다.

두 분 다 관련 경험이 없었는데 뷰티 창업을 한 계기가 무엇인가요.

-

문다혜 대표

데일리앤코가 창업한 2015년은 페이스북 기반으로 커머스를 시도하는 기업이 하나, 둘 등장하던 시기였어요. 몇몇 스타트업이 뷰티 제품으로 성공사례를 만들고 있었는데 그 당시 저는 최 대표와 함께 MCN 사업을 하며 콘텐츠 제작과 유통, 광고 운영 및 성과 측정 노하우를 쌓고 있었죠.

MCN 사업은 곧 인플루언서 사업인데 인플루언서 마케팅이 가장 활발한 곳이 바로 뷰티 분야여서 자연히 관심이 갈 수밖에 없었죠. 뷰티 시장 마케팅 성공 사례를 분석해 봤는데 충분히 저희가 할 수 있겠다는 생각이 들었어요. 마케팅에 강점을 갖고 활동하는 회사가 적어 빠르게 시장에 진입하면 승산이 있다고 판단했어요.

화장품 제조 과정이 쉽지 않았을 텐데
마케팅만 하지 않고 제조까지 직접 한 이유가 궁금합니다.

-

최윤호 대표

이전 사업을 하면서 핵심 역량은 100% 내부에 있어야 한다는 걸 뼈

저리게 느꼈어요. 외부 의존도가 높으면 제어할 수 없는 변수가 생기고 결과적으로 사업이 성장하지 못하더라고요. MCN 사업을 예를 들면 소속 인플루언서 관리가 너무 어려웠어요. 인플루언서가 핵심인데 관리가 안되니 결국 사업을 접어야 했죠.

이 경험을 화장품에 적용해보니 저희가 만들고 싶은 제품, 기획에 마케팅 포인트를 녹인 상품 없이 남의 걸 가져다 판다는 건 성공 확률을 크게 낮추는 것이었어요. 외부 변수를 통제할 수 없어 상황에 따라 마음에 안 드는 제품을 마케팅해야 한다면 같은 실패를 반복할 수밖에 없잖아요. 그래서 제조와 마케팅을 직접 하기로 했어요.

'마케팅 강점을 갖고 제조까지 직접 하는 회사'가
데일리앤코라는 건데, 이게 다른 회사와는 어떻게 다른 건가요.

-

문다혜 대표

저희가 말하는 마케팅 강점은 단순히 좋은 제품을 잘 만들어 마케팅으로 판다는 게 아니에요. 기획부터 마케팅 관점에서 출발해 저희만의 시각으로 '재해석'된 제품을 만드는 게 차별점이에요. 사실 뷰티 제품은 품질이나 기능적으로는 상향 평준화가 됐어요. 제품은 어느 정도 규모 있는 제조사라면 대체로 잘 만들어요. 품질만으로 차별화가 쉽지 않은 시장이죠. 중요한 건 소비자가 특정 제품을 꼭 써야 할 '필요'를 만드는 거고, 이 '필요'를 만들고 잘 팔기 위해선 기획 단계부터 마케팅 관점이 들어가야 해요.
데일리앤코는 제품의 필요성과 고객이 사야 할 이유를 하나의 슬로건으로 정리해요. 제품을 재해석하는 저희만의 방식이죠. 마케팅 관점을 녹인 슬로건이 정리되면, 콘텐츠로 잘 표현할 수 있는지 검토해요. 이후에는 제품의 관점이 일관성 있게 소비자에게 전달될 수 있도록 네이밍부터 디자인, 영상, 사진, 사이트 등을 가다듬는 작업을 해요. 데일리앤코의 모든 멤버가 제품의 본질과 표현에 집중하는 거죠.
이런 방식은 제품이 나온 이후에 마케팅 포인트를 고민하는 기업의 방식과는 분명히 다르다고 생각해요.

데일리앤코는 어떻게 소비자의 '필요'를 만드는 기획을 했나요.

-

최윤호 대표

지금이야 그동안 쌓은 경험과 데이터를 기반으로 좀 더 체계적으로 기획을 하지만 처음에는 뷰티 콘텐츠에서 소비자 피드백을 수집하는 걸로 시작했어요. 소비자가 유독 열광하는 콘텐츠에 나온 뷰티 제품을 후보군으로 뽑아 저희 시각으로 재해석할 수 있는 제품을 추렸어요.

재해석의 단서는 영상에 달린 사용자 댓글에서 주로 얻었어요. 소비자 반응을 하나하나 검토해보면 왜 사용자가 제품에 열광하는지, 어떤 점을 아쉬워하는지 보이거든요. 열광하는 포인트를 살리면서 데일리앤코가 가치를 더할 수 있는 요소가 있다고 판단되면 이후에는 제품을 사야 할 필요성을 정리하고 콘텐츠로 잘 표현할 수 있는지 검토했어요.

데일리앤코의 기획을 통해 탄생한 제품 중

대표적으로 성공한 제품은 무엇인가요.

또 콘텐츠로는 어떻게 표현됐나요.

-

문다혜 대표

대표적으로 헤어 실드가 있어요. 이 제품은 앞머리의 볼륨을 고정시켜주는 스프레이인데 소비자 입장에서 필요성이 명확했어요. 슬로건도 '오후만 되면 축 처지는 앞머리 볼륨, 뿌리기만 하면 고정'으로 간단하게 정리가 됐죠. 관건은 콘텐츠로 잘 표현할 수 있느냐인데 여성의 공감대를 이끌 명확한 상황 표현이 가능했어요.

모델이 나와 종일 돌아다녔을 때 앞머리 상황을 보여주는 거예요. 오후만 되면 떡지고 잘 풀리는 앞머리 상황을 영상으로 담아요. 그리고 스프레이를 뿌린 후에는 앞머리가 볼륨감 있게 오래 고정되는 모습을 보여주는 거예요. 머리에 물을 뿌리고 바람을 맞아도 앞머리는 변함이 없어요. 이렇게 명확한 대비로 제품을 사야 할 필요성을 느끼게 해주는 거죠. 이런 식으로 제품의 효과와 특성을 직관적으로 알 수 있게 콘텐츠를 구성했어요.

스프레이는 남자에게는 굉장히 흔한 제품이지만 여자들은 전혀 사용하지 않는 제품이었어요. 스프레이는 헤어스타일을 단단하게 고정하고 싶은 남자의 전유물이었죠. 하지만 여자도 남자처럼 헤어스타일을 고정할 수 있는 제품이 필요하기는 마찬가지예요. 단, 단단하게가 아닌 자연스럽게 말이죠. 헤어 실드는 이 필요를 공략한 제품이에요.

헤어 실드는 머리 전체가 아닌 앞머리 고정에 집중해 좀 더 전문화된 여성 제품임을 강조했어요. 네이밍도 기존 '스프레이'가 아닌 '실드'라는 단어를 사용해 소비자에게 좀 더 오랫동안 내 머리를 고정시켜줄 것 같은 느낌을 전달했고요. 덕분에 스프레이가 아닌 전혀 다른 카테고리 제품처럼 인식될 수 있었고 전에 없던 여성 스프레이 시장을 만들어 내며 큰 성공을 거둘 수 있었어요.

대표적인 미디어 커머스 스타트업으로 평가받고 있습니다.

동영상에 집중하게 된 계기가 뭔가요.

-

문다혜 대표

처음부터 동영상으로 시작한 건 아니에요. 첫 제품은 2016년 2월에 나왔는데 당시 페이스북에서 유행하던 이미지 카드 형태로 콘텐츠를 제작했어요. 제품의 기능과 특성을 깔끔하게 소개하는 콘텐츠였는데 다행히 월 매출이 바로 1억~2억 원이 나올 만큼 충분히 소비자 반응을 얻었어요. 이미지 콘텐츠도 반응이 좋았지만, 곧 영상으로 콘텐츠를 바꿨어요.

콘텐츠 중심이 이미지에서 영상으로 넘어가는 건 누구나 아는 사실이었고 저희 제품의 특성을 좀 더 쉽게 직관적으로 표현하는 데는 아무래도 이미지보다 영상이 더 적합하다고 판단했거든요. 영상 콘텐츠를 내자마자 반응은 폭발적이었어요. 엄청난 조회 수와 댓글, 공유를 받았고 매출은 단번에 5배 이상 성장했어요. 이후에는 자연히 영상으로만 콘텐츠를 제작했고요.

최윤호 대표

제품을 동영상으로 홍보한 건 저희가 처음은 아니에요. 인플루언서를 통해 영상 콘텐츠를 제작하던 스타트업이 이미 있었어요. 인플루언서가 나와 제품을 소개하는 방식이었죠. 저희는 '인물'이 아니라 '제품'에 집중했어요. 사용 전후 변화를 보여주는 비포&애프터 방식으로 제품 특성을 명확하게 설명했어요.
인플루언서 마케팅이 해당 모델을 믿고 사는 거라면 저희는 제품 효과를 눈으로 확인하고 사는 거라 설득력이 더 높았다고 생각해요. 데일리앤코 영상 콘텐츠가 큰 성공을 거두자 업계 영상 대부분에서 유명 모델이 사라졌어요. 오직 제품에만 집중해 비포&애프터를 보여주는 영상이 대세가 됐죠. 데일리앤코의 영상 문법이 하나의 표준이 됐다고 할 수 있어요.

기획과 콘텐츠가 다르다고 하지만
그것만으로는 너무 빠른 성공을 만든 거 같아요.
다른 성공 요인은 없었나요.

-

문다혜 대표

시장에 빨리 들어간 게 또 다른 성공 요인이에요. 지금은 SNS에서 동영상 콘텐츠로 제품을 파는 기업이 많지만, 당시는 거의 없었어요. 경쟁이 거의 없어 제품이든 콘텐츠든 조금만 특별한 점이 있으면 쉽게 바이럴을 탈 수 있었어요. SNS는 20대에게 최적화된 모바일 홈

쇼핑 채널이라는 점을 가장 먼저 발견한 것이 데일리앤코의 빠른 성장을 만들었다고 생각해요.

기존과는 다른 기획과 영상으로 성공 스토리를 썼는데
어떤 위기가, 왜 찾아왔나요.

-

문다혜 대표

여러 히트작을 만들고 매출 규모가 커지면서 외부에서 여러 제안과 의견이 들어왔어요. 그중에 저희를 고민하게 한 게 '화장품 제조 회사의 기본 제품 라인업을 우리도 갖춰야 하는가'였어요. 쉽게 말해 '화장품 회사라면 당연히 이 정도 제품은 있어야 하는 거 아냐'라는 말에 흔들렸죠. 그래서 틴트, 립밤, 수분크림 등 기본 라인에 해당하는 제품을 만들었어요. 문제는 이 제품에서 그동안 데일리앤코가 추구한 '재해석'을 하지 못했다는 거예요. 이미 소비자가 필요를 다 알고 있고 대체재가 많은 제품이었는데 '화장품 회사라면'이라는 말에 속아 잘못된 판단을 내렸어요.

최윤호 대표

사실 제품과 콘텐츠가 계속 대박을 치면서 회사 역량을 과신한 점도 있었어요. 남들과 같은 제품으로도 충분히 다른 영상을 만들 수 있고 그러면 자연히 제품도 팔릴 거라고 생각했어요. 당시 저희 역량으로는 제품의 차이점이 명확해야 영상에서도 이 차이를 표현할 수 있었는데 말이죠. 결국, 제품 특성에 맞게 영상 기획을 못 했어요. 틴트, 립밤, 수분크림 모두 이런 식으로 접근해 실패했어요.

실패 이후 어떤 변화가 있었나요.

-

문다혜 대표

이 실패가 데일리앤코만의 철학을 확립하는 계기가 됐어요. 이전에는 '재해석'이 성공하기 위한 '전략'이었다면 실패 이후에는 '철학'이 됐어요. 이 철학 위에서 상품 기획을 시작하고 콘텐츠도 구성하죠. 이제는 '화장품 회사라면'이란 말에 절대 흔들리지 않아요. 그것보다 '데일리앤코라면'이라는 게 더 중요하니까요.

빠르게 폭발적으로 성장하고 있었는데

기업을 매각한 이유는 뭔가요.

-

문다혜 대표

뷰티 브랜드 '유리카'가 성장하면서 다양한 기회가 찾아왔어요. 더 큰 성장을 위해 해외 진출 등 여러 가능성을 타진하는 과정에서 에코마케팅을 만났고 서로의 장점을 더하면 더 큰 성공을 만들 수 있다는 결론을 내렸어요. 데일리앤코가 압축적으로 빠르게 성장한 만큼 부족한 부분도 분명 있었거든요. 이 비어있는 부분을 채워 줄 든든한 파트너가 필요했어요.

최윤호 대표

데일리앤코 이전에 투자 유치 기회가 있었는데 받지 않은 적이 있어요. 투자를 받으면 어쩔 수 없이 종속될 수밖에 없다는 생각이 강했어요. 열정보다는 의무감에 일을 할 거란 두려움이 있었어요. 그래서 투자를 안 받고 어떻게든 사업을 꾸려 나가려고 했는데 잘 안됐어요. 당장 돈이 없으니 무리한 수익모델을 만들고 본업보다는 당장 돈 되는 일을 해야 하고. 결국, 투자를 받은 경쟁사에 밀리고 회사를 접어야 했죠.

이 경험으로 사업을 키우는 데는 타이밍이 중요하다는 걸 배웠어요. 적절한 순간에 자금조달을 해 조직 역량을 키워야 한다는 걸 알았죠. 에코마케팅 인수 제안을 받았을 때가 딱 그때였고 좋은 파트너란 판단에 매각 결정을 내렸어요. 에코마케팅을 만난 후 회사 매출이 2배 이상 늘었으니 결과적으로 좋은 결정이란 게 증명된 거죠.

매각 후 데일리앤코 매출이 100% 이상 성장했는데
그 사이 다른 어려움은 없었나요.

-

문다혜 대표

2017년 하반기부터 데일리앤코를 모방한 기업이 쏟아져 나오기 시작했어요. 몇몇 기업은 저희의 제품명과 영상을 정말 그대로 가져다 쓰기까지 했어요. 수많은 미투제품이 쏟아지고 비슷한 영상이 SNS에 넘쳐나면서 광고 효율이 떨어지기 시작했어요. 카피캣의 등장으로 저희의 강점이 희석되는 상황에 돌입했어요.

위기를 어떻게 돌파했나요.

-

최윤호 대표

사실 뷰티는 제조 진입 장벽이 높지 않아 얼마든지 새로운 경쟁자가 등장할 수 있는 시장이에요. 그래서 저희 같은 스타트업도 기획과 마케팅 차별화로 성공을 거둘 수 있었던 측면도 있고요. 든든한 모회사도 있고 데일리앤코도 그동안 경험을 쌓았으니 충분히 경쟁우위가 있지만, 그래도 점점 레드오션이 되는 시장에만 머무는 것보다 새로운 카테고리를 확장하는 걸 택했어요. 저희의 기획력과 콘텐츠 마케팅 능력으로 차이를 만들 수 있는 분야로 진입했어요.

새로운 분야는 무엇이고

어떤 기준으로 선택했나요.

-

문다혜 대표

기준은 데일리앤코를 시작할 때와 같았어요. 제조와 마케팅을 모두 직접 할 수 있을 것. 소비자에게 '필요'를 줄 수 있을 것. 콘텐츠로 잘 표현할 수 있을 것. 이 세 가지 원칙을 갖고 뷰티 사업을 하며 쌓은 경험과 노하우를 확장할 수 있는 분야를 찾았고 결론은 생활용품 시장이었어요. 조사 결과 직접 제조가 가능하고 온라인상에 뚜렷한 강자가 없는 시장이었죠. 소비자에게 필요를 줄 수 있는 다양한 기획이 가능하고 콘텐츠로 잘 표현할 수 있다는 판단이 들었어요. 그래서 생활용품 브랜드 '마이노벨'을 론칭했어요.

생활용품 시장에서 성과는 어땠나요.

가장 성공한 제품도 소개해주세요.

-

문다혜 대표

다행히 마이노벨 브랜드로 선보인 제품 대다수가 좋은 반응을 거뒀어요. 뷰티에서 쌓은 역량이 생활용품 시장에 잘 적용될 수 있을 거란 예상이 적중했죠.

대표적인 제품이 배수구 청소제 '원샷버블'이에요. '막히고 냄새나고 청소하기 어려운 배수구, 원샷버블 한 포면 청소 끝!' 이렇게 명확하게 필요가 정리됐어요. 배수구 청소하면 떠오르는 대표 상품도 기존에 없었고요. 콘텐츠는 제품을 넣은 배수관이 시원하게 뚫리는 것을 직접 보여주는 걸로 구성했어요. 제품 효능이 영상을 통해 직관적으로 표현됐고 그동안 SNS에서 소비되지 않았던 콘텐츠라 사용자 반응도 좋았어요. 원샷버블은 출시 이후 현재까지 50만 개 이상 팔린 히트작이 됐어요.

이외에도 잠이 잘 오도록 도와주는 숙면스틱 '잠이솔솔', 옷에 묻은 얼룩을 쉽게 제거해주는 '얼룩아웃', 빨래를 손쉽게 해주는 '사르르 런더리' 등도 히트 상품이 됐어요.

생활용품 시장에 진출하면서 시행착오는 없었나요.

-

최윤호 대표

화장품은 대형 업체가 많아 생산에 문제가 없었어요. 반면 생활용품 업계는 생산 공장 설비가 크지 않아 제품 공급이 제때 안되는 거예요. 원샷버블 마케팅을 시작해 주문이 밀려드는데 제품 생산이 안 돼 배송을 못 하는 상황이 발생했어요. 결국, 생산이 2~3주 밀려 주문 고객에게 따로 연락해 사과하고 환불 및 보상을 해야 했어요. 현재는 제조사가 생산설비를 늘려 제품이 원활하게 공급되고 있지만, 당시에는 배송 약속을 지키지 못해 고객에게 굉장히 죄송한 상황이었죠.

데일리앤코를 창업하며 얻은 사업의 기술이 있다면 무엇인가요.

-

문다혜·최윤호 대표

회사의 철학을 잘 정의하고 흔들리지 말아야 한다는 거예요. 분명한 철학 위에서 선택과 집중을 하면 성공 확률이 높아진다는 걸 경험했어요. 데일리앤코의 성공은 나름의 철학을 지키며 저희가 잘하는 기획과 콘텐츠 마케팅에 집중한 결과라고 생각해요.

성공력

마흔 전에 성공한 사람들의 16가지 사업의 기술

초판 1쇄 발행 2019년 1월 22일
4쇄 발행 2020년 9월 21일

지은이 정진욱
발행인 정진욱
편집 윤하루
디자인 엘리펀트스위밍

발행처 라디오북
출판등록 2018년 7월 18일 제 2018-000161호
주소 (07295)서울시 영등포구 문래로 20길 14
전화 0507-1360-8765
팩스 050-7078-8765
이메일 hello.radiobook@gmail.com

ISBN 979-11-964576-2-4(03320)
값 15,000원

* 이 도서의 국립중앙도서관 출판예정도서목록(CIP)은
서지정보유통지원시스템 홈페이지(http://seoji.nl.go.kr)와
국가자료공동목록시스템(http://www.nl.go.kr/kolisnet)에서
이용하실 수 있습니다.(CIP제어번호 : CIP2019000300)

* 라디오북은 라디오데이즈의 출판 전문 브랜드입니다.